Verwaiste Kinder-
Verwaiste Eltern

Therapie-Tools

Dr. Claudia J. Schulze

Jedes Sprichwort, jedes Buch, jedes kleine
Wörtchen, das die zu Hilfe und Trost bestimmt
ist, wird auf geraden oder verschlungenen
Wegen zu dir gelangen.

(R.W. Emerson)

Books on Demand, Norderstedt, © Dr. Claudia J. Schulze,
Lektorat Matthias Ziebarth, Frankfurt am Main, 4. Auflage
2020, Bilder: Anke Hartmann und Claudia J. Schulze
Bild: Claudia J. Schulze
Bärbel Schulze Stiftung; Reihe: Bibliotherapie
Herstellung und Verlag: BoD-Books on Demand, Norderstedt
ISBN: 9783748183563

O Herr, gib jedem seinen eignen Tod.
Das Sterben, das aus jenem Leben geht,
darin er Liebe hatte, Sinn und Not.

(Rainer Maria Rilke)

O Herr, gib jedem seinen eignen Tod.
So schreibt es Rilke in seinem Gedicht.
Der eigene Tod.

Für mich erscheint darin eine große, tiefe
Ruhe, ein Gehalten-Sein.
Nichts, was das Leben negiert, sondern etwas,
welches Ausdruck des Weges ist, den jedes
Leben unweigerlich geht.
Gehen muss, und manchmal auch gehen darf.
Der Prozess des Sterbens, auf dem Bild
dargestellt als etwas Chaotisches, findet ein
Ende im Tod, der Abwesenheit von Chaos, von
Leid und Schmerz.
Der eigene Tod, so etwas wie das eigene Bild,
der eigene Name, die eigene Ruhe.
Ebenso individuell wie das eigene Leben,
welches, auch das benennt der Dichter,
Liebe hatte, Sinn und Not.
So wie wir auf dieser Welt sind, um wir selbst
zu sein, sein zu dürfen oder sein zu müssen, so
ist auch unser Tod das Abbild dessen und
findet sich wieder in diesen drei kleinen Zeilen,
die doch so unendlich groß sind.

HINWEIS:

Dieses hier vorliegende Buch sollte ursprünglich die Neu-auflage des bibliotherapeutischen, ausdrücklich inter-aktiven Arbeitsbuches „Bibliotherapie für Kinder" sein. Technisch war dies jedoch leider aufgrund einer dort mittlerweile geänderten Höchstzulässigkeit von Seiten-zahlen nicht möglich.

Die Neuauflage enthält zusätzliches Material, wobei aber Überschneidungen unumgänglich waren.

Sollte jemand beide Arbeitsbücher gekauft haben, biete ich ihm / ihr zu Entschädigung drei kostenlose therapie-orientierte, illustrierte E-Books an. Anzufordern bei: CJ.Schulze@gmx.de

Sämtliche Geschichten (meine Bücher zur „Lukas-Reihe" miteingeschlossen) sind mit einem Lebens- Mosaik zu vergleichen.

Dabei ist es (gerade bei Kindern) wichtig, dass sowohl das Vertraute immer auch in Wiederholungen auftaucht, als auch, dass immer wieder neue Details in Erscheinung treten. Ähnlich wie in einem Prozess des langsamen Kennenlernens einer Person, in der man immer wieder Neues über diese kennen lernt. Als Titelbild habe ich eine Hand gewählt, welche das Leben in sich hält. Sie ist erst bei sehr genauem Hinsehen zu erkennen. Persönlich empfand ich dieses Bild als tröstend, jedoch – und dies gilt auch bei den Geschichten- jeder Mensch ist anders, jeder empfindet auch Versuche des Trostes anders. Und letztlich, in manchen Belangen gibt es keinen Trost. Auch das ist etwas, was wir als Therapeuten, als Menschen akzeptieren müssen. Es ist Teil unseres Mensch-Seins.

I Bibliotherapie

Diese Therapie-Tools sind eine Vertiefung/ Erweiterung des Arbeitsbuches: „Bibliotherapie für Kinder". Die Geschichten sind insofern erweitert, als dass nun noch ausdrücklicher auf das Thema: „Tod und Abschied" hingewiesen wird. Es sind neue Geschichten hinzugekommen, so die Geschichte von Maxime, der Katze, aber auch Geschichten von verwaisten Eltern. Inhaltlich knüpft dieses Arbeitsbuch an das vorherige an. Es sieht sich als inhaltliche Erweiterung und Weiter-entwicklung des Themenkomplexes: Abschied und Tod.

„Bibliotherapie" bezeichnet die Therapieform, die sich aufs Lesen stützt. Der Wortteil „Biblio" bezieht sich nicht etwa auf die Bibel, sondern aufs griechische „biblos", „das Buch". (Wobei die Bibel wiederum eben auch: „Das Buch" heißt). Aber an dieser Stelle soll nicht von einem einzigen Buch die Rede sein, sondern von vielen. Schreiben und lesen mit dem Ziel der Selbsterkenntnis und Selbstheilung gibt es bereits seit langer Zeit; spätestens jedoch seit der Entstehung der Hochkulturen. Was ist das Besondere an dieser Methode? Die Arbeit mit Medien, welche den direkten Gefühlsbereich ansprechen, verspricht primäres statt sekundäres Lernen. Im Lesen von Literatur kann der Klient sich mit Figuren identifizieren und sich von ihnen abgrenzen, kann am Modell lernen wie andere es gemacht haben und findet etwa in der Lyrik oder im fremden Ausdruck Worte, wo er selbst sprachlos ist (Dies gilt im positiven wie durchaus auch im negativen Sinn).

Die Poesie- und / oder die Bibliotherapie basiert dabei im Wesentlichen auf der Überzeugung der Heilkraft der

Sprache. Es gibt mittlerweile außerordentlich viele, sehr unterschiedliche Richtungen und diverse Strömungen. Der von mir hier persönlich bevorzugte Ansatz hat seine Wurzeln vor allem in der Humanistischen Psychologie und in der Humanistischen Pädagogik. Es gibt aber auch z.B. konstruktivistische Ansätze, tiefenpsychologisch orientierte Ansätze und viele mehr. Ich verstehe diese nicht als Konkurrenten; vielmehr verstehe ich sie als weitere zum Teil in der Tat äußerst hilfreiche Ansätze! Dieses vorliegende Buch hier soll als eine Art in sich erweiterbare, doch durchaus ebenso auch in sich zusammenhängende Arbeits-Notiz- Informations- und Materialsammlung dienen. An bestimmten Stellen habe ich daher Freiräume eingebaut, in denen somit auch schriftlich über bestimmte, ausgesuchte Themen reflektiert werden kann. Dies sind jedoch selbst-verständlich immer jeweils nur Vorschläge. Ihnen stehen selbstverständlich sehr viel mehr Möglichkeiten offen. Ihren eigenen Ideen und Erfahrungen, Ihren jeweiligen ganz individuellen Verknüpfungen, Ihren ganz persönlichen Assoziationen und Ihren eigenen Inter-pretationsmöglichkeiten sind hier absolut keinerlei Grenzen gesetzt.

Auch die kreativen, liebevollen, individuellen und einfühlsamen Bilder der besonderen und bekannten Leipziger Künstlerin und Autorin Anke Hartmann können hierbei hoffentlich zusätzlich vielerlei Themen und Bereiche „anstoßen", und ich würde mich sehr freuen, wenn das Buch Ihnen und Ihren Klienten viele neue fruchtbare und nachhaltig- lebendige Impulse für Ihre theologische, heilpädagogische, sozialpädagogische, ggf.

auch Ihre persönliche, philosophische, pädagogische, sozialberaterische oder aber ihre psychotherapeutische Arbeit bietet.

Die einzelnen Kapitel haben dabei jeweils bestimmte Schwerpunkte, wobei sich die Geschichten nicht auf diese reduzieren lassen, und zugleich sicherlich auch nicht alle Aspekte zugleich erfassen können. Es sind lediglich Anregungen, wobei die Geschichten sich aufeinander beziehen, und es hierzu, bei Interesse, noch weitere Literatur gibt. Hierbei handelt es sich um die weiter hinten aufgeführten Bücher, verfasst von mir mit Illustrationen der beliebten Leipziger Künstlerin Anke Hartmann und dem renommierten Schattenbild-Künstler Wilhelm Schneider. Das Buch von Anke Hartmann bietet eine weitere Ergänzung zum Thema: „Tod", die ich an dieser Stelle empfehlen möchte.

In meinen eigenen Büchern: „Nachtflüge", „Rabenfedern bringen Glück", sowie „Lukas und die Geschichte der Schatten" wird das Thema Tod, Verlust und Angst immer wieder angesprochen. Es werden dabei gleichzeitig jeweils Ressourcen aufgezeigt, die aber dabei, das ist selbstverständlich, auch für die Klienten immer nur ein Angebot sein können. Es geht sowohl um verwaiste Kinder als auch um verwaiste Eltern. Dieses sensible Thema adäquat anzusprechen ist etwas, an dem wir als Menschen wohl auch immer wieder scheitern.

Zu tief sind diese Wunden als dass wie sie auch nur im Ansatz nachempfinden können wenn wir uns außerhalb dieses Erfahrungskreises befinden.

Durch die jeweilige Modellvorgabe sollen die Klienten dennoch angeregt werden, sich mit ihren eigenen, ganz individuellen Möglichkeiten auseinander zusetzen, die dazu dienen sollen, ganz persönliche Ressourcen zu entwickeln und auszubauen, um den genannten Themen nicht gänzlich hilflos und unvorbereitet gegenüberzustehen. Auch das natürlich ein frommer Wunsch, denn wie oft bricht das Schicksal gerade in diesen Momenten mit einer Erschütterung über den Menschen herein die alles in Frage stellen kann, alles negieren kann. Die Wucht, mit der ein Todesfall über eine Familie kommen kann stellt vieles in den Schatten was wir uns nur vorstellen können.

Es sprengt die Grenzen unserer Vorstellungskraft massiv und wirft uns komplett auf die nackte Existenz zurück, auf Verzweiflung, Leid und unendlichen Kummer.

Ich habe dies in meinen Büchern bereits dargestellt. Der Tod bricht auf verschiedensten Wegen in das Leben der Protagonisten ein.

Auch durch „kleine" Tode, oder auch durch den Tod eines Haustieres. Was man den jeweils betroffenen Klienten jeweils zumuten kann, muss individuell ermessen werden. Hier findet sich eine große Sammlung unterschiedlichster Abstufungen, hin von den alltäglichen Verlusten bis hin zu tragischen Einschnitten, dem Verlust eines Kindes, eines Elternteils, eines Geschwisterkindes. Die Geschichten sind entweder aus einer Retrospektive gehalten, um so eine zeitliche Distanzierung zu ermöglichen, dann wieder sind sie ganz neu, verstörend in der Art wie sie das bisherige Leben aus den Angeln heben.

Diese zusätzlich von mir genannten Bücher sind nicht, so wie das vorliegende Buch, mit Impulsfragen versehen. Jedoch können Sie diese Impulse selbstverständlich für sich selbst und für Ihre Klienten entwickeln.

Selbstverständlich ist es wichtig (s.o.) bereits im Vorfeld durchdacht zu entscheiden welche der Geschichten den einzelnen Kindern jeweils „zugemutet" werden können. Dies hängt auch vom Stand der Therapie ab, vom Kind selbst etc. Einem ohnehin aktuell ganz besonders traumatisierten oder ängstlichen Kind, das unter starken Verlustängsten leidet sollte eher eine gewissermaßen „unbefangenere" Geschichte präsentiert werden, in der beispielsweise lediglich Tiere o.ä. als Symbolfiguren vorkommen (Kais Hase) und in der nicht der konkrete Verlust sehr realer Menschen (Schwester, Vater, Freund) im Mittelpunkt steht. Gerade die Kinder die einen solchen realen Verlust bereits erlebt haben gehen häufig anders mit solchen Geschichten um als Kinder, bei denen sich der Verlust überwiegend in der Phantasie abspielt, wobei das zweitgenannte Phänomen durchaus ebenfalls äußerst quälend für die betroffenen Kinder ist / sein kann, so dass es niemals unterzubewerten ist.
Hier kommt es auf die Erfahrung, auf die Sensibilität und auf das Fingerspitzengefühl des Therapeuten / der Therapeutin an. Die sehr gründliche Auseinandersetzung mit den hier nachfolgenden Geschichten kann, auch für Therapeutinnen und Therapeuten, ein solches Gefühl stärken. Dies soll zugleich auch das Ziel dieser Sammlung sein – sei es für den Leiter / bzw. die Leiterin oder eben das betroffene Kind, die betroffene Familie.

Im Gegensatz zu meinen Büchern zur Bibliotherapie für Erwachsene habe ich hier bewusst weniger strukturiert. Zum einen ist dies natürlich der Tatsache geschuldet, dass Kinder noch (mehr als Erwachsene) im Werden begriffen sind, so dass mir Klassifikationen daher hier noch weitaus weniger angebracht zu sein erscheinen als dies im Zusammenhang mit der bibliotherapeutischen Arbeit, welche sich im Kontext der Therapie Erwachsener befindet, eher der Fall ist. Bei all meinen Arbeitsbüchern zum Thema Bibliotherapie mit Erwachsenen erschien bisher der, (die) Schwerpunkt(e) Angst / Depression / Suizid und Sucht. Im Anhang habe ich auf drei von mir verfasste Bücher verwiesen, welche – bei Bedarf – zusätzlich zu therapeutischen Zwecken additiv heran-gezogen werden können. Sie haben sich bisher in der Praxis sehr gut bewährt. Andere Bücher, z.B. mit Textsammlungen bekannter Schriftsteller, sind selbst-verständlich ebenfalls möglich. Wesentliche Inhalte decken sich mit dem vorliegenden Band, jedoch sind es dort durchgängige, abgeschlossene, gedanklich und inhaltlich aufeinander aufbauende Geschichten – jeweils in drei, zeitlich und auch inhaltlich aufeinander auf-bauenden Bänden. Die jeweiligen Protagonisten erscheinen ebenfalls in dem vorliegenden Arbeitsbuch, wobei hier lediglich einzelne Bereiche zu bestimmten Themen wirken sollen. Alle größeren und umfassenderen Rahmenhandlungen befinden sich zusätzlich in den weiter hinten genannten Büchern. <u>Dennoch kommt das hier vorliegende Arbeitsbuch auch für sich, ohne diese zusätzlichen Verdichtungen und Vertiefungen aus.</u>

Sämtliche hier aufgeführten Geschichten können also durchaus auch für sich alleine stehen und als Impulse dienen, wobei Schwerpunkte ausgesucht und gezielt bearbeitet werden können. All dies wird auch hier aufgegriffen, angesprochen und zudem vertieft. Als behandelnder Therapeut / Therapeutin haben Sie natürlich die Möglichkeit, alle Geschichten zu modifizieren, für das jeweilige Kind oder für den jeweiligen Erwachsenen „anzupassen" (z.B. was Aussehen, Alter, die Familiensituation und Geschlecht betrifft). Hier können sowohl Distanz als auch Nähe vermittelt werden, je nachdem, was die jeweilige Situation erfordert. Hauptziel soll es sein, dem betroffenen Kind, dem betroffenen Erwachsenen den größtmöglichen Raum zu bieten, von dem aus es genug Vertrauen aufbringen kann, um sich mit dem Gefühl von Sicherheit anzuvertrauen. Daher erfordert dies, wie jede therapeutische Situation, ein ganz besonderes Fingerspitzengefühl und eine ausgeprägte Achtung im Umgang mit dem Klienten. Die nachhaltige Wirkungsweise bibliotherapeutischer Arbeit ist in ihrer Wirksamkeit schon seit langem durch zahlreiche Studien eindrucksvoll belegt, deren Lektüre ich sehr empfehle. In dem vorliegenden Buch soll es jedoch gleich um die mögliche und konkrete Anwendung anhand hier eigens entwickelter therapeutischer Geschichten gehen.* So geht es in ihnen (wie auch im Band 1 „Nachtflüge") um Anpassungsstörungen mach einem Todesfall in der Familie, um den Aufbau hilfreicher kognitiver Konstrukte, um den Aufbau von Vertrauen und um die zunehmende Entwicklung von Akzeptanz und Einsichten in Gesetzmäßigkeiten des Lebens. (Das

Stichwort ist hier die Selbsttranszendenz). Die nun hier nachfolgenden Geschichten können dabei unabhängig von den anderen „Lukas-Büchern" gelesen werden (siehe hinten), wobei diese Bücher selbstverständlich eine gute Ergänzung bieten können. Die nachfolgenden Geschichten werden zudem abgerundet durch spezifische Impulsfragen, so dass ein fruchtbarer kommunikativer Austausch stattfinden kann. Zudem empfiehlt es sich gezielt mit bewährten <u>Entspannungsverfahren</u> zu arbeiten, insbesondere wenn sehr belastende Themen auftauchen. Ein Beispiel ist die seelische Erkrankung von Kais Mutter.

Hier drohte ein Todesfall, der jedoch gerade noch abgewandt werden konnte.

Dennoch sind beim Protagonisten tiefe Verwundungen zu erkennen, da es sich um eine geplante Selbsttötung seiner Mutter handelte. Es sollte ressourcen- und entspannungs-orientiert vorgegangen werden. In den Texten selbst finden sich hierauf bereits Hinweise; selbstverständlich ist dies ausbaubar.

Maßnahmen, welche therapeutisch bei der Behandlung Posttraumatischer Belastungsstörungen eingesetzt werden, können hier ebenfalls kombiniert werden. Dies, wie auch der konkrete Einsatz und das Ausmaß des Einsatzes, ist der Vorbildung und der Erfahrung des Behandlers / der Behandlerin überlassen. Besonders empfehle ich das „Handbuch Entspannungsverfahren von Vaitl / Petermann)", Beltz Verlag, Psychologie Verlags Union. Die hier aufgeführten Geschichten sind Auszüge und Weiterführungen aus den hinten angegebenen Büchern. In allen werden Inhalte aus dem ICD-10 in literarischer Form behandelt. Als Einstieg könnte sich das Buch „Ruby Blue" eignen. Dieses ist eine in einigen Bereichen ausdrücklich „entschärfte" Version des Buches „Nachtflüge". Es dreht sich, ebenso wie in Band 2 mit dem Titel „Rabenfedern bringen Glück", um den Umgang mit aufbrechenden Emotionen, um den Aufbau von Selbstwirksamkeit und um die positive Nutzung eigener Ressourcen, wie zum Beispiel um den Aufbau tragender sozialer Beziehungen.

Band 3: „Lukas und die Geschichte der Schatten" behandelt überwiegend die Integration von Gefühlen, um ein „Reframing", und um etwas, das, gemeinsam mit der bereits im ersten Band angestrebten Entwicklung in Zusammenhang steht, dem Coping inmitten seiner schweren Lebenssituationen.

In Band 4: „Korax und das Geheimnis der Kürbisse" erfolgt ein Perspektivenwechsel. Aus der Sicht eines bereits erwachsenen Menschen werden die Erlebnisse von Lukas, Kai und Mia nochmals belebt und mit Hilfe einer alten Frau „Agathe" zum Teil gedeutet. Zunächst jedoch zu den technischen Grundlagen der Bibliotherapie. Es geht um den Verlust, aber auch um das Wiederfinden von etwas Anderen. Es sind zum einen Fragen für Kinder als auch, zum anderen, Fragen für Erwachsene vertreten. Zum Teil gibt es auch Überschneidungen, die „Kinder-Fragen" können durchaus von Erwachsenen beantwortet werden. Da viele Konflikte im Erwachsenenalter zum Teil auch auf Konflikten in der vergangenheit basieren, kann dies sehr von Nutzen sein. Vieles ist in Symbolen angesprochen, einiges auch konkret. Alles in allem kann dieses Arbeitsbuch sicherlich nur einen von vielen möglichen Beiträgen leisten. Doch wenn es auch nur im Ansatz hilfreich sei kann, so wäre das für mich von außerordentlich großer Bedeutung.

Hinsichtlich meiner Möglichkeiten vermag ich mich dem Optimismus von Franz Kafka nicht uneingeschränkt anzuschließen. Ein Wegweiser bleibt er dennoch.

II Techniken der Bibliotherapie

Verfremdung/ Verfremdungen (variierend)

Geschichte umschreiben (Gegentext, Gegeninszenierung)

Wortverdrehungen

Collagen. Montagen

Interpretationen

Briefe an die einzelnen Personen schreiben

Kommentare schreiben, Geschichte zu einem Impuls-Bild

schreiben.

Sprechen über die jeweiligen Geschichten

Einen Vergleich zu eigenen Erfahrungen schriftlich

festhalten, Perspektivenwechsel

Meta-Ebene beschreiben,

Neue Assoziationsketten schaffen

Sinnentwürfe?

III Eigene Techniken:

Vorgehen

Bitte alle Kapitel zunächst selbst lesen um zu beurteilen, was Ihrer Ansicht nach dem jeweiligen Kind im Einzelfall zuzumuten ist. Es werden auch sehr belastende Themen angesprochen, so wie psychische Erkrankungen von Elternteilen, Geschwistern oder Freunden, schwere körperliche Erkrankungen und der enorm schwierige Verlust von Familienangehörigen.

Wie ich ja bereits im Vorwort erwähnt habe, kommt es auf den Einzelfall an. In manchen Fällen kann es einem Kind, das ähnliche Lebenserfahrungen gemacht hat, die Türe öffnen und es ermutigen sich selbst zu öffnen und über diese Dinge zu sprechen. Bei anderen Kindern wiederum kann es Ängste verstärken, insbesondere dann, wenn es sich um psychisch vorbelastete / vorerkrankte Kinder handelt. Zwar werden Kinder heute über die Medien bereits an alle diese Themen herangeführt. In Kinderbüchern wie „Harry Potter" oder auch in antiken Geschichten oder unterschiedlichen Märchen werden viele existentielle Themen zum Teil sehr drastisch dargestellt, von den Bildmedien ganz zu schweigen. Dies soll jedoch keine einseitige Kritik an diesen Büchern und Medien sein. Vielmehr ist m.E. der Umgang mit ihnen entscheidend.

Hier kommt es, wie bereits erwähnt, auf die Erfahrung und auf das Fingerspitzengefühl des Therapeuten / der Therapeutin an. Die gründliche Auseinandersetzung mit den nachfolgenden Geschichten kann, auch für Therapeutinnen und Therapeuten, ein solches Gefühl stärken. Dies soll zugleich auch das Ziel dieser Sammlung sein – sei es für den Leiter / die Leiterin oder eben das betroffene Kind, die betroffene Familie (s.o.).

Der Umgang und die Unterstützung durch Erwachsene bei der jeweiligen Verarbeitung des Gelesenen oder des Gesehenen begleitet werden kann. So liegt es daher heute zunehmend und zusätzlich in der Hand von Erwachsenen Kinder mit diesen Themen nicht allein zu lassen, sondern ihnen im Gespräch oder in sonstiger Form ein Angebot zu machen, eine Hilfestellung zur Verarbeitung zu geben. In besonderem Maß gilt dies auch für den therapeutischen Kontext. Das thematisch an unterschiedlichen Stellen immer wieder auftauchende Bild des Waldes dient hier als Ressource für den / die Protagonisten. Alternativ wird die See genannt.
Natürlich ist auch das nur eine Anregung. Wie jeder Mensch sich aber vom anderen grundsätzlich unterscheidet so wird auch das, was er als Ressource erlebt zutiefst individuell sein. Das Gleiche gilt für den Sinn, den jeder für sich selbst entwickeln muss. Darauf möchte ich mich auf / mit dem Psychotherapeuten und Begründer der Logotherapie, Viktor E. Frankl beziehen.
Seine Aussage, wonach jeder Sinn ad situationem et ad personam sei, zeigt meines Erachtens sehr deutlich, dass wir niemandem unsere Überzeugung, unseren Sinn „überstülpen" dürfen. Daher sind all die hier genannten Sinn-Entwürfe ebenfalls als Vorlagen, als potentielle Möglichkeiten gesehen. Diese sollen vor allem dazu dienen, die Spielräume und die jeweiligen Handlungsmöglichkeiten und Sinnentwürfe des Einzelnen, der Einzelnen zu vergrößern, zu erweitern, im Austausch zu ermöglichen.

Im Anschluss sind Möglichkeiten für kurze Notizen gegeben, auf die man immer wieder zurückgreifen kann. Die Fragen zu den einzelnen Kapiteln sind hinten aufgelistet.

Im Text sind Lücken, wo zum einen eigene Notizen gemacht werden können, zum anderen die Einsendeaufgaben gezielt vorbereitet werden können. Bereits hier können Sie eigene Stichpunkte miteinbringen und beispielsweise offene Fragen formulieren, ihre eigenen bisherigen Erfahrungen skizzenhaft festhalten etc.
Wichtig ist es, dass ein geschützter Raum geschaffen wird. Ein Raum des Verständnisses und ein Raum, in dem auch massiv aufbrechende Emotionen „ertragen" und getragen werden können. *Welche* Leistung ein verwaistes Kind, ein verwaistes Elternteil, verwaiste Tanten, Geschwister und Großeltern zu erbringen haben - wie wenig wissen wir letztlich darüber! Daher möchte ich hier mit Franz Kafka schließen:

„Wenn Du vor mir stehst und mich ansiehst, was weißt Du von den Schmerzen, die in mir sind und was weiß ich von den Deinen. Und wenn ich mich vor Dir niederwerfen würde und weinen und erzählen, was wüsstest Du von mir mehr als von der Hölle, wenn Dir jemand erzählt, sie ist heiß und fürchterlich. Schon darum sollten wir Menschen voreinander so ehrfürchtig, so nachdenklich, so liebend stehn wie vor dem Eingang zur Hölle."

Franz Kafka (Werk: Brief an Oskar Pollak)

Abschied Tod Vertrauen Trauer
Zwang Achtsamkeit Ausgrenzung
Perspektivenwechsel Sinn Allein-Sein
Stille Leere Depressionen Angst
Unwohlsein Anspannung Identität
Reframing Wut Verlassen-Werden
Ohnmacht Unbehagen Personaler
Werte als Ressource Kontrollverlust
Neuanfänge Hoffnung Trotz Coping
Verlust Ablehnung Ausgrenzungen
Abschied Tod Vertrauen Trauer
Zwang Achtsamkeit Ausgrenzung
Unwohlsein Anspannung Identität
Perspektivenwechsel Sinn Allein-Sein
Stille Leere Depressionen Angst
Unwohlsein Anspannung Identität
Neuanfänge Hoffnung Trotz Coping
Verlust Werte Ausgrenzungen, Wut
Neuanfänge Coping Hoffnung Trotz

Prolog- Sternenkind (für Chiara)

„Was ist das größte Leid, das Du Dir überhaupt vorstellen kannst?", fragte Euklesophos der Zauberer, einmal einen Mann. „Das größte Unglück, das ich mir vorstellen kann, ist es", antwortete dieser, „ein Kind zu verlieren". Euklesophos nickte und wanderte weiter. Als er auf eine Frau traf, fragte er auch diese: „Was ist das größte Unglück, das Du Dir vorstellen kannst?" „Das größte Unglück, das ich mir vorstellen kann, ist es eines meiner Kinder zu verlieren", antwortete auch diese. Euklesophos nickte und wanderte weiter. Er überquerte einen Hügel und ein Maisfeld, traf dort wie der Mais hochstand ein Kind, das von zuhause weggelaufen war und sehr krank aussah. „Ich werde bald sterben", sprach das Kind zu Euklesophos, dem großen Zauberer. Euklesophos nickte, denn er sah, dass das Kind tatsächlich unheilbar krank war. Daraufhin stellte auch dieser dem Kind die Frage, die er zuvor dem Mann und hernach der Frau gestellt hatte. „Was ist das größte Unglück, das Du Dir vorstellen kannst?" Er hätte wohl erwartet, dass das Kind sein baldiges Scheiden aus dem Leben als sein größtes Unglück bezeichnet hätte, doch zu seiner Überraschung sprach es: „Mein größtes Unglück ist es, dass ich nichts habe, mit dem ich meine Mutter und meinen Vater trösten kann, wenn ich nicht mehr da bin. Da packte Euklesophos etwas von dem aus, was er aus den fernen Gärten mitgebracht hatte, aus seiner Manteltasche. Es war in Material und Beschaffenheit mit nichts zu vergleichen. Am ehesten wirkte es wie eine Murmel, die aber nicht aus Glas sondern aus etwas Weichem, Durchsichtigem war.

„Heute, wenn die tiefe Nacht am aller dunkelsten ist", beauftragte Euklesophos das Kind, „nimmst Du diese und legst sie auf die Brust Deiner schlafenden Eltern."

Das Kind tat so wie ihm geheißen wurde. Als es die weiche, helle Murmel auf die Brust seiner Mutter gelegt hatte, öffnete sich diese und ein warmes, helles Licht floss in ihren Körper hinein. Sie lächelte im Schlaf.

Das Gesicht des Vaters hingegen war starr und traurig wie das reglose Aussehen eines Steines.

Das Kind hatte noch eine der Murmeln übrig und legte sie nun auf die Brust seines Vaters.

Ebenso hell floss das Licht in ihn, ebenso lächelte er nun im Schlaf.

Das Kind verließ das Haus nun wieder und machte sich auf den Weg zu Euklesophos, der an der Biegung des Waldes bereits wartete.

„Was war das für ein Licht?", fragte das Kind neugierig.

„Das war etwas von dem Sternenlicht aus den geheimen Gärten", antwortete Euklesophos.

Er wusste wie dieses Licht wirkt. Er wusste, dass in ihm die Distanz lag und doch zugleich auch das Licht, die Liebe und das Erinnern. „Wie sollen sich meine Eltern denn an mich erinnern?", fragte das Kind. „Viel kannten sie ja noch nicht von mir."

Euklesophos antwortete nicht. Stattdessen legte er nun auch dem Kind eine der hellen Murmeln auf die Brust, welche im gleichen Moment ihr Licht abgab. „Warum können mich diese Murmeln nur nicht heilen?", wollte das Kind wissen. Immerhin schienen sie ja sehr mächtig zu sein. „Sie heilen Dich – nur anders als Du denkst", gab Euklesophos zur Antwort.

Warm strömte das Licht in die Brust des Kindes, das nun auch lächelte.

„Ich weiß es jetzt, Euklesophos." Dieser nickte und hielt dem Jungen die Hand bis dieser so tief eingeschlafen war, dass nur noch das Licht selbst ihn würde wecken können.

Das schlimmste auf Erden Denkbare war den Eltern passiert, als sie am nächsten Morgen erwachten.

Noch wussten sie es nicht, denn noch hatte man ihr Kind nicht gefunden.

Doch in dem größten aller Schmerzen war das Sternenlicht in ihnen. Seit jener Zeit nannten sie ihr Kind das Sternenkind, denn in all dem Schmerz reiste das Licht, die Liebe und das Erinnern mit ihnen.

Was ist ein Sternenkind? Es ist der Tod im Leben-doch auch das Leben im Tod.

Und jedes Einzelne von ihnen ist, darüber hinaus, so viel mehr! Das Sternenkind ist die Liebe, die sich am Ende immer gegen den übermächtigen Schmerz des Verlustes durchsetzen wird.

Das kann viele Menschenjahre dauern, vielleicht fast ein ganzes Menschenleben.

Doch die Liebe, das Leben im Tod- das ist etwas, was gerade den Sternenkindern im Besonderen vorbehalten bleibt. Sie waren bei uns- ohne bei uns zu sein. Sie sind bei uns – allem zum Trotz.

Wie der Wind und die Sonne, wie jemand, auf den wir schon lange warteten, den wir kennen ohne mit ihm gesprochen zu haben, und der auf uns warten wird- gleich wie lange es dauert. Niemand ist verloren.

Das ist das, was uns jedes der Sternenkinder sagen wird. Niemand, sei er noch so klein.

Alles ist in uns- und wir sind in allem.

Der Tod
Leah Löwenherz

Leah Löwenherz war das Mädchen, das sich ausgerechnet vorgenommen hatte den Tod zu bekämpfen. Jedenfalls war es das, was die Leute über sie erzählten. In Wirklichkeit war Leah natürlich noch viel mehr als das. Leah konnte man mit einfach gar nichts erschrecken. Es gab kaum jemanden, der sich vor etwas weniger gefürchtet hätte als Leah. Auch den Tod fürchtete sie nicht. Vielmehr hasste sie ihn.

Sie hasste ihn aus tiefstem Herzen. Warum nur musste er einem die Menschen oder die Tiere nehmen, die man besonders mochte? Oder diejenigen, die irgendein anderer besonders mochte? So klug Leah auch war: Das ging ihr einfach nicht in den Kopf. Und so kam es, dass sie in einer Nacht den Beschluss fasste den Tod zu bekämpfen. Nicht nur bekämpfen, sondern auch vernichten würde sie ihn. Keinen Tod sollte es auf der Welt jemals mehr geben. Niemand sollte jemanden verlieren müssen, an dem sein Herz hing.

Doch war das nicht so einfach. Zunächst einmal musste sie den Tod finden.

Er zeigte sich mit Sicherheit nicht jedem, und so kam Leah Löwenherz auf die Idee den Tod zunächst einmal anzulocken, zu sich zu locken.

Von Agathe, einer alten Frau, die im Wald lebte, wusste sie, dass man den Tod dann sehen kann, wenn man selbst kurz davor ist zu sterben. Natürlich hätte Agathe das Leah nicht erzählt, damit diese keine Experimente mit diesem Wissen machen sollte. Sonst hätte sie es ihr mit Sicherheit niemals verraten, leicht nämlich konnte dieses verborgene Wissen einem Menschen, der nicht recht damit umzugehen verstand, schaden. Doch Leah hatte Agathe, die sehr alt war und nicht mehr genau wusste was sie erzählen durfte und was nicht, ein wenig ausgetrickst, was durchaus nicht nett von ihr war.

Es ist niemals ein besonders guter Stil einen Menschen, der durch Alter oder Krankheit geschwächt ist, in dieser Art für die eigenen Zwecke auszunutzen. Doch Leah meinte es keineswegs böse. Im Gegenteil. Auch Agathe stand auf der Liste derer, die sie vor dem Tod bewahren wollte. Auch bei Agathe sollte der Tod diesmal nicht gewinnen — besonders nicht bei ihr. Wie die meisten Kinder in der Gegend liebte auch sie diese alte Dame über alles.

Agathe hatte ihr also, freilich ohne zu wissen was sie damit anrichten würde erzählt, wer den Tod sehen könne. Nur der, der selbst kurz davor steht mit dem Tod auf die letzte irdische Reise zu gehen, kann ihn erkennen. Er sieht ihn dann auch bei anderen. Das ist Teil eines größeren Plans, denn der Tod, der weder gut noch böse ist, wollte es so. Er wollte, dass die Menschen, zumindest ein wenig, auf ihn vorbereitet sein sollten. Im Grunde war das kein Akt der Nächstenliebe, doch fiel es ihm leichter, wenn die Menschen, die er holen musste, zumindest vorher ein wenig geahnt hatten was passieren würde.

Im Traum bereitete er sie auf sich vor. Selbst die Menschen, welche ganz plötzlich, zum Beispiel durch einen Unfall, starben, hatten vom Tod eine Nachricht erhalten. Je nachdem wie gut es diesen Menschen gelang ihre Träume zu verstehen waren sie nicht ganz und gar unvorbereitet. Und genau hier begann Leahs Plan. Es war ein äußerst riskantes und nicht gerade gut durchdachtes Vorhaben. Ich möchte es euch lieber nicht erzählen. Auch Agathe hätte das nicht gewollt. Doch gelang es Leah Löwenherz hiermit den Tod in ihren Traum zu locken.

Der Tod nahm sie mit auf eine nächtliche Reise und zeigte ihr die Sterbenden dieser Welt, die Trauernden und all das, was mit einem solchen Verlust einhergeht. Sie rechnete nicht damit jemals wieder zurückgebracht zu werden. Zumindest würde es ihr niemals gelingen, sollte sie den Tod nicht dazu bringen selbst zu sterben.

Wie das ging, hatte auch Agathe nicht gewusst. Allein schon die Frage hatte Agathe erstaunt.

„Wozu denn das, Leah?" Sie erinnerte sich an ihre Worte und an den Ausdruck des größten Verwunderns auf ihrem Gesicht.

„Agathe, ich möchte nicht, dass du stirbst", war Leahs Antwort gewesen. Mit dieser Wendung des Gesprächs hatte die arme alte Agathe verständlicherweise nicht gerade besonders viel anfangen können. „Was hat das denn damit zu tun den Tod zu töten?" Leah wusste es selbst nicht. Sie wusste nur, dass es ihr irgendwie gelingen musste.

Ein magischer Spruch sollte ihr dabei helfen. Sie sprach ihn dreimal hintereinander, so wie sie das aus alten Märchen kannte.

Der Tod hat mich hergebracht,
Gebunden sei nun seine Macht.
Für immer muss er von hier schwinden,
Nirgends sei er mehr zu finden.
Die böse Macht sie soll sich schämen,
Soll niemand, den ich lieb, mir nehmen.

Lass mich, du Tod, aus deinen Händen,
Sollst nur noch deine Zeit verschwenden.
Lös dich auf du feiger Dieb!
Nahmst mir alles, das mir lieb.
Dafür werd´ ich dich vernichten,
Niemand kannst du mir mehr richten.
Hinfort, hinfort, hinfort durch Zeit und
Raum und Ort!
Sie war, in der Tat, sehr entschlossen. Doch nützte es nichts. Obgleich sie den Spruch gleich mehrfach wiederholt hatte – sie war noch immer mit dem Tod auf Reisen.

Er zeigte ihr den Tod und die Trauer, bis Leahs Wut, ihr Hass und ihr Zorn beinahe ins Unerträgliche stiegen. Hätte sie ihn nun, allein nur mit ihren eigenen Gedanken, in die Luft jagen oder ertränken können, ohne weiteres hätte sie es getan.

Da waren nicht nur die fremden Menschen, die sie da sah. Alle, die sie bereits an den Tod verloren hatte, ihre Oma, den Opa und ihren Hund, ihre Freundin Katha und den jungen, schwarzen Vogel, der damals an das Küchenfenster geflogen und danach vermutlich gestorben war. Sie hatte ihn nicht wieder gefunden.

Und obgleich sie all diese Wut in sich hatte, welche wohl ausgereicht hätte gleich mehrere Tode zur Strecke zu bringen, fühlte sie mit einem Mal, dass es ihr nicht gelingen könnte.

Bisher hatte er kein Wort gesprochen. Doch nun, nachdem sie ihn hatte auslöschen wollen, sprach er zu ihr. „Leah Löwenherz", sagte er. „Ich werde dich nachher wieder in dein Leben zurückbringen." Damit hatte sie allerdings nicht gerechnet. Der Tod gab ab und an also sogar wieder jemanden frei?

Sie fragte nicht, doch schien der Tod ihre Gedanken lesen zu können. „Deine Zeit, Leah, ist noch nicht abgelaufen". Und dann, gerade so als würde der Tod ihr nun etwas sagen, ohne dabei zu sprechen, brannte sich etwas in ihr Gedächtnis ein.

Drei Sätze: Der Tod ist weder gut noch böse. „Das ist der erste Satz, Leah Löwenherz". Der zweite Satz lautet: „Dem Tod entgeht niemand. Es gibt kein Recht auf Leben in dieser Welt. „Und der dritte ergibt sich aus dem zweiten. Der Tod ist unvermeidbar, denn es gibt ein Recht auf den Tod."

Leah sah ihm fest und entschlossen ins Gesicht, während sie sich wunderte, dass er überhaupt ein Gesicht hatte. Doch tatsächlich.

Und es war keine entstellte Fratze. Es war ein ernstes, beinahe schönes Gesicht. Nun sprach er wirklich zu ihr: „Sieh das ganze Bild, das gesamte Bild!" Darunter konnte sich Leah nun wirklich nichts vorstellen, und der Zorn, der begonnen hatte sich ein wenig zu legen, flammte erneut in ihr hoch. „Wenn du mich bekämpfst", sagte der Tod daraufhin, „dann wirst du viel verletzlicher für das wahre Böse in dieser unserer Welt.

Bekämpfe nun dieses, Leah Löwenherz. An Mut fehlt es dir wahrlich nicht!" Leah dachte nach, der Tod fuhr fort.

„Ich bin nur ein Mittler zwischen den Welten. Böse bin ich nicht, glaube mir. Und ich weiß, dass Du hier bist um etwas heller zu machen. Tu das! Es ist in dir" Nun sah er sie fast freundlich an und sagte mit einem Blick, der eindringlich auf ihr lag: „Ein Kreislauf, Leah, niemand geht verloren. Nichts geht verloren. Alles kehrt zu seinem Platz zurück, und alles findet sich wieder. Drei Sätze, Leah. Nur drei Sätze: Der Tod ist weder gut noch böse. Dem Tod entgeht niemand.

Der Tod ist unvermeidbar, und es gibt ein Recht auf den Tod." Er wandte sich ab, und zum Abschied sprach er noch: „Den vierten wirst Du selbst herausfinden. Es sind immer vier Sätze, so wie es auch vier Jahreszeiten sind." Sie glaubte ihm. Doch erst als sie sich wieder unversehrt in ihrem Bett wiederfand. Agathe hat sie es vorsichtshalber nicht erzählt. Nicht lange darauf trat der Tod wieder an Leah heran. „Möchtest du mich jetzt holen?", fragte sie ziemlich verwundert. „Ist meine Zeit jetzt doch schon gekommen?" Sie war nicht vorbereitet. „Nein", antwortete der Tod.

„Doch bald werde ich eine alte Freundin von dir zu holen. Sie ist schon lange darauf vorbereitet, und sie kennt den vierten Satz bereits seit vielen Jahren. Kennst du ihn jetzt auch?"
„Ja", flüsterte Leah, die so früh am Morgen ihre Mutter nicht wecken wollte. Ihre Mutter hatte einen leichten Schlaf. „Der Tod ist nicht das Ende". Er nickte, lächelte und verschwand. Früher als sonst verließ Leah Löwenherz das Haus, um Agathe, ihrer alten Freundin, einen Besuch abzustatten. Sie nahm Schokolade mit.
Solcherlei Besuche erfordern immer etwas Schokolade. Agathe war da ganz und gar ihrer Meinung. „Setz dich ein bisschen näher zu mir, Kleine", sagte sie noch und legte ihren Arm um Leah. Agathe sah sehr schwach aus, doch

war keine Angst in ihr. Sie strahlte etwas so Ruhiges aus, dass es sich auf Leah übertrug. „Danke, dass alles enden darf, meine Kleine!"

Ein komischer Satz. Ja, vielleicht passte er bei einer Frau wie Agathe. Aber hatte sie auch so gedacht, als damals ihre eigene Tochter starb? Leah konnte sich das nicht vorstellen. Dieses Kind war doch erst am Anfang gestanden. Wie konnte Agathe also so einen Satz sagen? Wie gerne hätte dieses Mädchen gelebt, hier im Wald und bei Agathe.

„Was ist mit Annie?", wollte sie von Agathe wissen. „Annie. Ja, auch meine Schmerzen um sie enden nun". Mehr sagte sie nicht dazu.

„Danke, dass alles enden darf."

Der Satz machte Leah so wütend, und doch verstand sie, dass irgend etwas in ihm war, dass er ein Geheimnis barg. Ja, offenbar gab es auf dieser Welt kein Recht auf Leben. Es gab kein Recht darauf gesund zu bleiben, kein Recht darauf nicht zu verunglücken oder schwer krank zu werden. Es gab kein Recht darauf nicht in einem Krieg getötet zu werden oder zu verhungern. Auf dieser Welt gab es diese Sicherheit nicht und schon gar nicht dieses Recht.

Der Tod, ja, der war allen gewiß. Aber sollte er deshalb gleich ein Recht sein?

„Ist der Tod ein Recht?", fragte sie Agathe, obgleich sie zugleich fand, dass man eine Sterbende nicht mit solcherlei Fragen plagen sollte.

Agathe sah sie an, sie sah ihr genau in die Augen und nickte. „Ja, meine Kleine. Auf eine komische Art und Weise ist er unser letztes Recht- vielleicht sogar unser einziges." „Nimm dieses Buch, Leah, ich hab´ darin etwas angestrichen. Du sollst es behalten." Natürlich konnte sie Agathe diesen Wunsch nicht abschlagen, und sie wusste auch schon welche Stelle Agathe angestrichen hatte. Die Stelle ihres Lieblingsdichters. Leah kannte diese Stelle auswendig, denn Agathe hatte sie einige Male zitiert.

O Herr, gib jedem seinen eignen Tod.
Das Sterben, das aus jenem Leben geht,
darin er Liebe hatte, Sinn und Not.

„Behalte das für immer, meine Kleine!". Leah nickte.
Es störte sie überhaupt nicht von Agathe „Kleine" genannt zu werden, obwohl, rein objektiv gesehen, Agathe die kleinere von ihnen war, und obwohl Leah es war, die sie mit winzigen Stückchen Schokolade fütterte, als sei sie ein junger Vogel, der das Fliegen noch nicht gelernt hatte.

Es stimmte. Und so sehr Leah sich davon gestört und angegriffen fühlte: Es gab dieses andere Recht nicht. Das Recht auf Gesundheit, das Recht auf ein langes Leben, das Recht auf die Abwesenheit von Leid. Doch jeder würde seinen eigenen Tod haben. Der Tod, wenn das Sterben vorbei war, der reine Tod- vielleicht war doch etwas Friedliches in ihm? Ein Trost? Ein Versprechen?
Doch was war mit dem Leben? Leah fühlte sich hin- und hergerissen. Hier saß sie, Agathe, diese weise, kleine Frau und war dabei die Welt hier zu verlassen. Sie hatte gern gelebt. Leah wusste das. Auch wenn sie ab und zu traurig und einsam gewesen war. Das Leben hatte sie dennoch

genossen. Und sie tat es noch. Warum sonst verzehrte sie sich nach Leahs Schokolade?

Zart und zerbrechlich saß sie dort auf ihrem Stuhl und wartete. Wartete ohne Angst auf den, der weder gut noch böse war.

Agathes zahme Raben waren bei ihr, und der Tag wich so langsam, so verhalten, als fiele es ihm besonders heute ungemein schwer.
Agathe wartete noch immer geduldig in ihrem Stuhl auf der Veranda.

Leah Löwenherz saß bei ihr und weinte.

----------------------------Notizen-----------------------------------
----

Verfremdung/ Verfremdungen (variierend)

Geschichte umschreiben (Gegentext, Gegeninszenierung)

Wortverdrehungen

Collagen

Montagen

Interpretationen

Briefe an die einzelnen Personen schreiben

Kommentare schreiben

Einen Vergleich zu eigenen Erfahrungen schriftlich festhalten, parodieren

Perspektivenwechsel

Meta-Ebene beschreiben

Neue Assoziationsketten schaffen

Geschichte zu einem Impuls-Bild schreiben

Sprechen über die jeweiligen Geschichten

Vorgeschichten / Nachgeschichten schreiben

Thema: Der Tod

THEMEN: Angst & Selbstwirksamkeit

Lukas und Stachel

Lukas war beinahe 10 Jahre alt. Er hatte braune Haare und blaue Augen. Eigentlich war er wie fast alle Kinder in seinem Alter. Außer vielleicht, dass er ständig von Tieren umgeben zu sein schien.

Das hatte schon begonnen, kaum dass er hatte laufen können.

Schon früh war er immer im Wald gewesen und hatte die Tiere dort beobachtet. Nicht einmal die scheuen Tiere, wie die Hirsche, liefen vor Lukas davon.

Manchmal blieben sie ganz nah vor ihm stehen und sahen ihn ruhig an.

Sie waren wunderschön und so majestätisch, dass es Lukas den Atem raubte.

Diese Momente waren etwas ganz Besonderes für ihn. Sie waren so schön, dass er sogar von ihnen träumte. Wer jemals einen Hirsch aus der Nähe gesehen hat, kann das ganz sicher verstehen.

Obwohl sie so mächtig waren mit ihren Geweihen und den Hufen, fühlte sich Lukas niemals von ihnen bedroht. Wenn er die dunklen Augen der Hirsche sah, fühlte er sich aufgehoben, so, als könnte ihm niemand etwas antun. Im Wald fühlte sich Lukas am sichersten. Es war eine Welt für sich allein. Er genoss alles, was er dort so sehen und erleben konnte.

Er liebte es, wie die Eichhörnchen von Baum zu Baum sprangen. Ihm gefielen die Fischotter. Und er bewunderte die Eleganz der Eulen, wie sie durch den Nachthimmel

glitten. Lukas hatte Glück, denn er lebte nah am Wald, so dass er sogar von seinem Fenster aus die Tiere dort beobachten konnte. Manchmal kamen sie dicht ans Haus heran und schliefen dort – ganz in seiner Nähe.
Oder sie flogen um das Haus, so wie Gerda, die Eule, und beschützten ihn in seinen Träumen.
Das konnten nicht gerade viele Kinder von sich behaupten.

Doch es gab noch etwas, das Lukas von den andern Kindern unterschied.
Lukas fand es schwierig was den Umgang mit anderen Menschen betraf. Besonders mit Erwachsenen.
Sie waren so groß wie unberechenbar. Lukas ging ihnen aus dem Weg, wo er nur konnte. Besonders dann, wenn diese auch noch grob und unfreundlich mit ihren Tieren sprachen, so wie der Waldarbeiter, den Lukas manchmal mit einem ganz besonders hochgewachsenen, kräftigen Schäferhund sah. Vor dem Waldarbeiter fürchtete er sich. Doch obwohl der Schäferhund auf den ersten Blick wirklich ziemlich gefährlich aussah, verspürte Lukas nicht die geringste Angst vor ihm. Er spürte, dass keine wirkliche Gefahr von ihm ausging. Bei Tieren war das also anders als bei Menschen. Sogar völlig anders.
Und deshalb wollte Lukas später auch einmal unbedingt Tierarzt werden. Bereits jetzt schienen die Tiere das zu wissen, denn wie sonst ist es zu erklären, dass sie, wann auch immer eines von ihnen krank wurde, in irgendeiner Form, fliegend, flatternd oder zu Fuß, bei Lukas auftauchten. Vögel mit gebrochenen Flügeln oder verwaiste Küken, Katzen mit verwundeten Vorderpfoten, ein Hund, der seinem Herrchen ausgerissen war, und

Rüdiger, die kleine Fledermaus. An Rüdiger hing Lukas ganz besonders. Einmal kamen auch ein klägliches Käuzchen mit geschürftem Schnabel, ein kleines verirrtes Wildschweinchen und ein Maulwurf, der von einem herabgefallenen Ziegel ganz unglücklich getroffen worden war und eine Füchsin, deren Ohr verletzt worden war.

Sie alle waren, jeder auf seine Art, bei Lukas gelandet, und Lukas hatte jedem von ihnen helfen können.

Die Füchsin blieb seither ständig in der Nähe seines Hauses. Immer wieder sah er ihren roten Pelz durch das Unterholz leuchten. Er wünschte sich kaum etwas anderes.

Nur ab und zu kam ihm der Gedanke, dass es wunderbar wäre, könnte er auch sich selbst helfen und einfach weniger Angst vor anderen Menschen haben.

Es blieb immer nur ein flüchtiger Gedanke. Obwohl ihm ansonsten ständig etwas einfiel, wenn es darum ging den Flügel eines Vogels zu schienen, einen Schmetterling zu retten oder einen Jungvogel mit einer Pipette zu ernähren – bei sich selbst wusste er nicht weiter.

Es erschien ihm vielmehr absolut und vollkommen rätselhaft, wie er auch nur im Ansatz etwas hiermit Vergleichbares bei sich selbst hätte anwenden können. Wenn er an den klugen Ausdruck des Käuzchens dachte, vermutete er, dass es die Lösung wissen könnte. Doch ihm erschloss sie sich nicht. Nötig wäre es durchaus gewesen. In der Schule brachte er kaum einen vernünftigen Satz hervor, beim Bäcker ließ er sich abdrängen, der Fahrer des Schulbusses war sein absoluter Tiefpunkt. Bei ihm zitterten Lukas Hände, wann immer er auch nur seine Fahrkarte vorzeigen musste. Sobald ihn einer der Erwachsenen auch nur ansah, verschlug es ihm die Sprache. Die anderen Kinder lachten deswegen manchmal schon über ihn. Besonders Kai, der es ohnehin irgendwie auf ihn abgesehen hatte.

Kai ließ keine Gelegenheit aus, Lukas eine reinzuwürgen wo er nur konnte.

Es hatte keinen Sinn sich mit ihm anzulegen. Kai war ziemlich beliebt und niemand spielte so gut Fußball wie er. Er war zudem riesig - mindestens einen Kopf größer als Lukas und viel kräftiger. Kai wusste das natürlich auch, und er wusste das für sich auszunutzen. Er gab ihm miese Schimpfnamen und machte ihn nach, er lachte ihn aus oder redete schlecht über ihn. Das fand Lukas besonders gemein. An manchen Tagen fühlte er sich deswegen noch schlechter als sonst.

Und wenn er dann auch noch das Gesicht des Busfahrers so dicht vor sich sah, reichte es ihm vollkommen.

Im Grunde hatte er schon aufgehört daran zu glauben, dass sich daran jemals etwas ändern könnte.

Das war jedoch, bevor er an diesem Tag im Herbst einem rätselhaften Igel begegnete.

Lukas hatte ein Geräusch gehört, und als er den Igel in dem Blätterhaufen auf dem Boden entdeckt hatte, wollte er gerade ins Haus zurückgehen, um ein Ei für ihn aus dem Kühlschrank zu holen. Doch bevor er sich rühren konnte, begann der Igel zu zischen. Er zischte ganz deutlich. Lukas erschrak ein wenig.

Lukas beugte sich zu dem Igel hinunter um zu sehen, ob ihm möglicherweise etwas fehlte oder ob er verletzt war. Sein Gesicht war nun direkt vor dem Köpfchen des Igels.

Er bemerkte sehr erleichtert, dass dessen dunkle Augen völlig
klar waren, nicht trüb wie bei einem kranken Tier. „Hallo Stachel", sagte er leise zu dem Igel. Er fand, dass dieser Name zu ihm passte. Lukas legte den Kopf ein wenig schief, um zu hören, ob der Igel gleichmäßig atmete.
Ihm fiel nichts Besonderes auf – außer, dass eine glänzende schwarze Rabenfeder auf dem Boden neben dem Igel lag.
Stachel rollte sich mit einem Mal auf dem Rücken im Laub herum, als wolle er spielen. Dann fühlte Lukas etwas Feuchtes in sein Ohr stupsen. Der Igel hatte ihm mit seiner winzigen, nassen Igel Nase mitten in sein rechtes Ohr gestupst. Schließlich drehte er sich um und verschwand mit seinen krummen Beinchen wieder zurück in die Nacht.
Lukas starrte ihm verblüfft nach und nahm die Feder, die neben dem Igel auf dem Boden gelegen hatte, mit in sein Zimmer.
Direkt über dem Bett fand er einen guten Platz für sie. Sie sah aus wie eine der Federn, aus der seine Schwester Katha sich einmal daraus eine Kette gebastelt hatte.
Er konnte kaum einschlafen, weil er an Stachel denken musste, doch als der Mond sein Fenster erreicht hatte, und die Feder über dem Bett einen weichen Schatten warf, wurde er müde.
Am nächsten Morgen noch dachte er an den Igel, während er in den Bus stieg. Nicht einmal der lebhafte und stattliche Rabe auf dem Baum gegenüber der Bushaltestelle konnte ihn aus seinen Gedanken reißen. Der Busfahrer saß am Steuer, beängstigend wie immer,

den Blick stur auf Lukas gerichtet. Lukas fühlte sich plötzlich schlecht, wie immer wenn er den Busfahrer sah. Doch etwas war heute anders als sonst.

Obgleich es zunächst so wie immer zu sein schien, nahm er mit einem Mal ein Geräusch wahr.

Es war das Quaken eines Frosches, und es schien aus dem Mund des Busfahrers zu kommen, obwohl der seine Lippen fest aufeinander gepresst hielt. Das Geräusch klang so lustig und verband sich so perfekt mit dem Gesicht des Busfahrers, dass Lukas grinsen musste.

Plötzlich hatte er überhaupt keine Angst mehr. Völlig ruhig zeigte er dem Frosch-Busfahrer seine Karte vor. Dann setzte er sich – komplett ohne weiche Knie auf seinen Platz.
Noch kam ihm nicht in den Sinn, dass der Igel etwas damit zu tun haben könnte.

Erst als es in der Schule gerade so weiterging, wusste er, dass der Igel mit seiner kleinen schlabbrigen Nase sein Ohr verzaubert haben musste.

Die Deutschlehrerin klang plötzlich wie eine zottige, anhängliche alte Katze.
Er konnte gar nicht mehr verstehen, warum er sich jemals vor ihr gefürchtet hatte.

Vielleicht hatte ihm seine Angst einfach nur einen Streich gespielt. Beinahe kam es ihm nun so vor, als sei sie eine Katze. Warum auch nicht...Lukas grinste. Der Sportlehrer hingegen klang wie ein sehr zäher, doch schon etwas schwacher Esel, und die Bäckerin war eingehüllt in das abgehackte Gurren einer hinkenden und gutmütigen Taube.

Mit einem Mal verstand Lukas, dass die Geräusche ihm genau zeigen sollten, wem diese Menschen am ähnlichsten waren.

Und weil er sie dadurch besser einschätzen konnte, verschwand seine Angst vor ihnen wie ein Schneeball, der in der Sonne schnell dahin geschmolzen war.

Er verstand, dass er keine Angst vor ihnen zu haben brauchte.

Leider war Kai ausgerechnet heute nicht in der Schule. Lukas hätte zu gerne gewusst welches Tier Kai gewesen wäre. Andererseits könnte es sein, dass er es noch herausfinden würde: Da er am nächsten an Kais Haus wohnte, würde Lukas ihm die Hausaufgaben vorbeibringen müssen.

Aber Lukas hatte es nicht eilig damit.

Er genoss erst einmal, so ganz für sich, dass er keine Angst mehr verspürte.

Als er auf dem Weg nachhause von weitem den Waldarbeiter sah, war seine Angst auf einmal jedoch wieder da.

Das Geräusch, welches den Mann umgab, war das eines Schwarms gereizter Wespen.

Und da begriff Lukas, welch großes Geschenk der kleine Igel ihm gemacht hatte.

Er hatte ihm die Gelegenheit gegeben mit seinen Ohren wahrzunehmen, vor wem es Angst zu haben sich lohnte

und vor wem nicht. Lukas dachte, dass auch der Igel vor dem Waldarbeiter abgehauen wäre.
Und daher empfand er es nicht mehr als Schande, als er genau dies auch machte.

Er flitzte nachhause was das Zeug hielt. Rennen konnte er sehr schnell. In der Klasse gewann er beim Sport immer die Wettrennen.

Somit dauerte es auch nicht besonders lange bis er zuhause war. Daheim erzählte er Mama, die gerade mit der Katze spielte, von „Stachel", dem Igel, und von dem Waldarbeiter, der immer so gemein zu seinem Hund war, und vor dem er weggelaufen war.

„Ich finde, dass dieser Igel sehr klug war", sagte Mama - „weil er dir zeigte, wie du dich selbst beschützen kannst!" Das verstand Lukas. „Ja, manchmal muss man das selbst können - das stimmt", räumte er ein.

Obwohl er wusste, dass das nicht immer etwas nützte. Doch versuchen konnte man es immerhin.

„Muss noch bei Kai vorbei", erklärte er Mama, die fragend aufsah, weil Lukas sich nur einen Keks geschnappt hatte und wieder auf dem Weg nach draußen war. „Der war heute krank."

„Bin mal gespannt, was für ein Tier Kai ist", lachte Mama. „Ich erst!" rief Lukas.

Aber unbehaglich war ihm schon. Kai war gemein; es war nicht gerade angenehm mit den Hausaufgaben ausgerechnet gerade zu ihm geschickt zu werden.

Andererseits würde es ziemlich spannend sein herauszufinden, welches Tier wohl hinter ihm stand.

Von weitem schon, man sah gerade erst das Haus von
Kais Eltern, hörte er die Antwort: Es war eine jammernde
alte Katze.

Sie hörte gar nicht mehr auf zu jammern und sich zu
beklagen. Lukas musste ein wenig grinsen.

Das Jammern wurde lauter je mehr er sich dem Haus
näherte.

Doch da sah er, dass da wirklich eine alte, kranke Katze
mitten auf dem Weg saß. Lukas grinste nicht mehr.
Besorgt beugte er sich zu der Katze hinunter.

Sie sah nicht sehr krank aus, doch ihm fiel auf, dass ihr
Bauch angeschwollen war.

Kai saß weiter hinten auf einem Stuhl vor dem Haus und
heulte. So hatte ihn Lukas noch nie gesehen.

„Hey, was ist denn mit der Katze?", fragte er den
schluchzenden Kai.

„Keine Ahnung, sie hat Schmerzen und niemand ist da,
der sie heute zum Tierarzt bringen könnte." Kai wirkte
wirklich komplett verzweifelt.

Lukas sah sich die Katze noch mal genau an.

Ihr Bauch war so dick als würde sie bald kleine Kätzchen
zur Welt bringen.

Andererseits war es eine eindeutig sehr alte Katze. Es war
eher unwahrscheinlich, dass ihr runder Bauch darauf
zurückzuführen war. „Seit wann schreit sie so?", fragte er.

„Seit heute Morgen, deshalb bin ich ja auch nicht zur
Schule gegangen..." Kais Stimme zitterte.

Die Katze erhob sich und versuchte ein Stück zu laufen. Lukas dachte sich, dass es so aussah als wollte sie ihr Geschäft erledigen, könnte es aber nicht. Sie sah nämlich, abgesehen von dem Bauch und dem lauten Gejammere, das wirklich erschreckend klang, gesund aus. Das brachte ihn auf eine Idee. In solchen Situationen reagierte er schnell, darauf konnte er sich, das wusste er, verlassen. „Habt ihr denn etwas Öl im Haus, vielleicht Sonnenblumenöl?"

Kai nickte und lief sofort ins Haus. Als er zurückkam, trug er eine Flasche Öl bei sich.

„Das ist schon ml gut", befand Lukas. „Wo ist denn ihr Wasserschälchen?" Kai zeigte zaghaft nach rechts an den Gartenzaun, wo ein halbgefülltes Wassernäpfchen stand. Lukas nahm es auf, tropfte ein wenig Öl hinein und stellte es dann genau vor die jammernde Katze.

„Das ist richtig gut für dich, glaub mir", sagte er ruhig zu ihr. Vorsichtig steckte die Katze ihre Zunge hinein und begann das Öl und das Wasser heraus zu schlecken. Dann verschwand sie humpelnd hinter einen Holzstoß. Kai sah blass aus.

„Meinst du, dass das was bringt?" fragte er unsicher. Lukas nickte. „Ich glaub´ schon." Und er behielt Recht. Kurze Zeit später kam die Katze hinter dem Holzstoß hervor, streifte Lukas etwas beim Vorbeigehen, schleckte Kai am Handrücken und legte sich schnurrend in die Sonne. „Hey, danke Mann!" sagte Kai und legte Lukas die Hand auf die Schulter.

„Ich war echt blöd zu dir in der Schule...tut mir voll leid..."
Er sah zu Boden, und Lukas merkte, dass Kai das ernst meinte. „Schon o.k.", murmelte er. Etwas Besseres fiel ihm im Augenblick nicht ein. „Mein Vater", sagte Kai und nickte mit dem Kopf in die Richtung der Einfahrt.
„Wenn man ihn braucht, ist er nie da." Verachtung klang aus seinen Worten.

„Na ja, aber ihr könntet trotzdem noch beim Tierarzt vorbeifahren, das kann echt nicht schaden, wirklich!", versuchte Lukas ihn zu beschwichtigen. Doch der Blick, den Kai in Richtung seines Vaters warf, war noch immer voller Wut.
„Ich muss jetzt gehen", sagte er zu Kai und drückte ihm eilig die Hausaufgabenblätter in die Hand.
„Hätt´ ich fast vergessen, hier", murmelte er noch.
„Alles klar, Mann, und danke!" rief ihm Kai spürbar erleichtert nach.
Lukas lief auf direktem Weg zurück nach Hause.
Er stolperte an zwei Stellen, da er Tränen in den Augen hatte. Doch er fing sich noch rechtzeitig ab, so dass er nicht stürzte. Das konnte passieren, wenn er an Papa oder an Katha dachte.
Oft musste er ganz plötzlich an seinen Vater und an seine ältere Schwester Katha denken, die bei einem Unfall gestorben waren, auch jetzt, als er hinter seinem Schleier aus Tränen wieder nachhause lief.
Wenn es so plötzlich kam, versteckte er sich meistens oder rannte weg. Immerhin ging das niemanden sonst etwas an.
Katha hatte ihm oft Blumen auf der Wiese oder Blüten an Bäumen und Sträuchern gezeigt, und Papa hatte ihn auf

den Schultern getragen oder ihm die Namen der Sterne am Himmel verraten. Manchmal glaubte er sie genau neben sich zu spüren.

Lukas erinnerte sich an Kathas´ braunen Haare und an ihr Lachen.

Er wusste noch, dass er sich sicher gefühlt hatte, wenn sie da war oder Papa.

Am schönsten war es gewesen, wenn Mama, Papa, Katha und er alle zusammen auf der Veranda saßen, oder wenn er und Katha Blumen suchten.

Ihr hatte das mehr Spaß gemacht als ihm, doch darauf war es ja überhaupt nicht angekommen. Zumindest meistens nicht. Sie hatte sich aus Blumen eine Kette gemacht, einmal aus Federn. Das wusste er noch. Katha hatte Federn geliebt.

Seitdem sie weg waren, hatte sich Lukas nie wieder sicher gefühlt. Das Leben kam ihm manchmal sehr gefährlich vor. Gefährlich und leer. Sie fehlten ihm so sehr, dass es unmöglich war das in Worten auszudrücken.

Ob er ihnen auch fehlen würde, oder Mama – dort, wo sie jetzt waren?

Lukas konnte sich kein Bild davon machen wo das denn sein könnte.

Doch nach der Begegnung mit Stachel hatte sich auch da etwas verändert – so komisch das auch klang, wenn man bedenkt welch winziges Wesen so ein kleiner Igel ist. „Und, welches Tier war Kai denn nun", fragte Mama interessiert. „Eine Katze", gab Lukas knapp zurück. Mehr wollte er nicht sagen.

Das war einfach zu umständlich, diese Erklärung musste erst einmal reichen.

Außerdem mussten Mütter ja nun auch wirklich nicht alles wissen.

Mama fragte nicht weiter nach. Stattdessen stellte sie Futter auf den Tisch.

„Für Stachel!". Sie gab Lukas eine kleine Schüssel in die Hand.

Lukas öffnete die Flasche, ging auf die Terrasse und füllte die kleine Schale auf.

Und in all der Trauer bemerkte er, dass er auch froh war. Darüber, dass er plötzlich weniger Angst hatte als in all der Zeit nach dem Unfall.

Rüdiger, die kleine Fledermaus, zog ihre Runde um das Haus, als Lukas auf der Terrasse stand.

Etwas raschelte ganz vorsichtig im Laub. Was es war konnte man nicht erkennen.

An diesem Abend sah er Stachel nicht. Auch an keinem der darauf folgenden Abende.

Doch er stellte jeden Abend eine Schale mit Futter an die Stelle, an der ihm der Igel begegnet war.

Lukas wusste, dass er es der Begegnung mit Stachel zu verdanken hatte, dass er jetzt viel weniger Angst hatte.

Und obwohl Lukas ihn durch den gesamten Herbst hindurch nicht wieder gesehen hat, ahnte er, dass Stachel nicht weit weg sein konnte.

Er spürte es genau, und dann gab es da noch etwas:

Die Schale mit dem Futter war jeden Morgen leer.

Themen: Angst / Selbstwirksamkeit

--------------------------LÖSUNGSWEGE--------------------------

_____

_____

_____

_____

_____

_____

_____

_____

_____

_____

_____

_____

_____

_____

_____

_____

_____

_____

_____

_____

_____

_____

_____

_____

_____

_____

_____

Verfremdung/ Verfremdungen (variierend)

Geschichte umschreiben (Gegentext, Gegeninszenierung)

Wortverdrehungen

Collagen

Montagen

Interpretationen

Briefe an die einzelnen Personen schreiben

Kommentare schreiben

Einen Vergleich zu eigenen Erfahrungen schriftlich

festhalten, parodieren

Perspektivenwechsel

Meta-Ebene beschreiben

Neue Assoziationsketten schaffen

Geschichte zu einem Impuls-Bild schreiben

Sprechen über die jeweiligen Geschichten

Kieran, der Rabe

Als es Winter geworden war konnte Lukas es einfach nicht mit ansehen, wenn hungrige Vögel im Winter durch das Schneegestöber irrten und nichts zu Picken fanden. Deshalb hatte er im Winter immer schon Vögel gefüttert.

Er hatte Körner für Meisen, Spezialfutter für die Enten im Stadtteich und einige kleine Vogelhäuser in seinem Garten. Lukas war auf alles vorbereitet: auf Spatzen, Rotkehlchen und auf diverse Engpässe in der Futter-versorgung.
Hierfür hatte er sich eine eigene kleine Vorratskammer in seinem Baumhaus eingerichtet.

Er mochte es, wenn er die Sachen im Griff hatte. Auch für Stachel, den Igel, hatte er immer etwas da.
Nur auf einen war Lukas nicht vorbereitet gewesen: auf Kieran, den Raben. Kieran war ihm schon vor ein paar Wochen aufgefallen.

Er hielt sich immer in der Nähe des Gartens auf, in dem Lukas die Futterstellen für die Vögel errichtet hatte. Und auch wenn es merkwürdig erscheint so etwas über einen Vogel zu sagen, Kieran sah wahrlich beleidigt aus. Es wirkte so, als fühlte er sich persönlich von der Tatsache beleidigt, dass Lukas all die anderen Vögel fütterte - aber nicht ihn, den prächtigsten aller Raben.
In der Tat, Kieran war ein außergewöhnlich stattlicher Rabe. Seine schwarzen, glänzenden Federn umrahmten seinen fein gezeichneten Kopf mit dem imposanten Schnabel und den so klug aussehenden dunklen, leicht schimmernden Knöpfchen, die seine Augen waren.
Man traute Kieran durchaus zu sich seine Nahrung selbst zu beschaffen, und so war Lukas gar nicht erst auf die Idee gekommen auch für ihn etwas Futter zu besorgen.
Doch das schien sich nun zu rächen, denn Kieran ließ Lukas nicht mehr aus den Augen.

Er beobachtete ihn missmutig, wenn dieser die Futterknödel für die Meisen aufhängte.

Er verfolgte ihn bis in sein Baumhaus und krächzte so schaurig wie er nur konnte. Dann legte er den Kopf schief und plusterte sich auf.

Lukas wusste nicht so recht, ob er vor Kieran Angst haben sollte oder nicht.

Sein Krächzen klang wahrlich schaurig, doch wenn er in seine glänzenden, dunklen Augen blickte und das aufgeplusterte Federbündel so vor sich sah, dann konnte er gar nicht mehr anders als Kieran zu mögen.

In der Tierhandlung, in der er immer das Spezialfutter für die Stadt Enten und für Stachel zu holen pflegte, erkundigte er sich äußerst genau über die Nahrungsgewohnheiten von Raben.

Der verblüffte Verkäufer verstand zwar nicht warum Lukas ausgerechnet einen Raben füttern wollte, – doch schließlich konnte man dem Verkäufer daraus keinen Vorwurf machen.

Immerhin hatte dieser Kieran ja noch nie persönlich gesehen.

Beim Metzger besorgte er sich sofort Tartar, der ihm vom Vogelhändler dann doch noch empfohlen worden war.

Und da man ja weiß, dass Liebe durch den Magen geht, wird es niemanden verwundern zu erfahren, dass dieser feine Tartar die Freundschaft von Lukas und dem Raben Kieran besiegelte.

Zum Dank zeigte Kieran ihm ausgiebig seine tollkühnsten Kunststücke, – wie den freien Fall in der Luft. Das gefiel Lukas.

Aber noch besser gefiel es ihm, dass sich Kieran nach einiger Zeit sogar auf seine Schulter setzte.

Und so gab es eine Zeit, in der Lukas nie ohne Kieran zu sehen war.

Die anderen Raben konnten nach Kieran rufen wie sie nur wollten. Es änderte nichts. Kieran zog die Gesellschaft seines menschlichen Freundes vor.

Einen ganzen Winter lang waren sie unzertrennlich. Doch dann kam der Tag, an dem Kieran nicht mehr da war. Lukas suchte überall nach ihm.

Er fand ihn nicht. In seinem Baumhaus fand er eine einzige schwarze, glänzende Feder.

Es war nicht anders zu erklären: Kieran musste sie absichtlich dort für ihn hinterlassen haben.

Wahrscheinlich sollte es eine Nachricht sein. Eine Nachricht, die Lukas nicht entschlüsseln konnte.

Niemals hätte er gedacht, dass Kieran ihm so fehlen würde. Eigentlich machte ihm nichts mehr so richtig Spaß seit Kieran fort war, und manchmal war er wütend auf ihn, weil er einfach so davongeflogen war und ihn allein zurückgelassen hatte.

Die Feder jedoch trug er immer bei sich.

An einem Tag im April hörte er plötzlich ein bekanntes Krächzen. Kieran! Lukas rannte aus dem Haus. „Ich dachte ich würde dich nie mehr wieder sehen", rief er ihm entgegen.

Das hätte er wohl nicht sagen sollen. Kieran sah beleidigt aus. Ungefähr so, als hätte er sagen wollen: „Hast du denn meine Feder nicht bekommen?"

„Doch, klar habe ich deine Feder bekommen", sagte Lukas und zog sie aus seiner Tasche.
Kieran wirkte nun wieder etwas zufriedener und plusterte sich sogar leicht auf.

So richtig glücklich war er aber erst, nachdem Lukas ihm beim Metzger den Tartar geholt hatte.

Den Rest des Tages verbrachten sie im Baumhaus. Ich weiß nicht worüber sie sich dort unterhalten haben.

Man konnte ihre Schatten sehen und Kieran verputzte in der Tat den gesamten Tartar vom Metzger. Was sonst noch passierte kann ich nicht sagen.

Doch ich glaube, dass Kieran von seinen Abenteuern zu berichten hatte, denn es wurde spät bis Lukas endlich wieder ins Haus kam.

Nur eines erzählte Lukas noch bevor er einschlief: Kieran hatte ihm nicht versprechen wollen nie wieder fort zu gehen.
„Doch er hat mir versprochen immer mein Freund zu bleiben", hatte er hinzugefügt."

„Na, aber das ist doch was", sagte seine Mutter.
Lukas nickte, und als er schlief, da war ich mir sicher, muss er von Kieran geträumt haben.

Träume, ich habe es ja schon ein paar Mal gesagt, sind Leitern zu anderen Welten.

Warum sollten sie weniger wahr sein?

Thema: Freundschaft / Verlust/ Vertrauen

-----------------------LÖSUNGSWEG----------------------------
----

Abschied Tod Vertrauen Trauer
Zwang Achtsamkeit Ausgrenzung
Perspektivenwechsel Sinn Allein-Sein
Stille Leere Depressionen Angst
Unwohlsein Anspannung Identität
Reframing Wut Verlassen-Werden
Ohnmacht Unbehagen Personaler
Werte als Ressource Kontrollverlust
Neuanfänge Hoffnung Trotz Coping
Verlust Ablehnung Ausgrenzungen
Abschied Tod Vertrauen Trauer
Zwang Achtsamkeit Ausgrenzung
Unwohlsein Anspannung Identität
Perspektivenwechsel Sinn Allein-Sein
Stille Leere Depressionen Angst
Unwohlsein Anspannung Identität
Neuanfänge Hoffnung Trotz Coping
Verlust Werte Ausgrenzungen, Wut
Neuanfänge Coping Hoffnung Trotz

Verfremdung/ Verfremdungen (variierend)

Geschichte umschreiben (Gegentext, Gegeninszenierung)

Wortverdrehungen

Collagen

Montagen

Interpretationen

Briefe an die einzelnen Personen schreiben

Kommentare schreiben

Einen Vergleich zu eigenen Erfahrungen schriftlich

festhalten, parodieren

Perspektivenwechsel

Meta-Ebene beschreiben

Neue Assoziationsketten schaffen

Geschichte zu einem Impuls-Bild schreiben

Sprechen über die jeweiligen Geschichten

Vorgeschichten / Nachgeschichten schreiben

Themen: Trauer & Wut, Aufbrechende Emotionen
Lukas macht Kleinholz

Im Nachhinein wusste Lukas selbst nicht mehr, wie das alles hatte passieren können. Normalerweise passte das alles nicht zu ihm, doch heute sah das anders aus. In der Schule hatte es begonnen. Er konnte sich noch nicht einmal daran erinnern, was überhaupt passiert war, doch plötzlich kam es zu einem Streit und Lukas, der sonst so friedlich war, nahm einen Stuhl und zertrümmerte ihn auf dem Tisch. Frau Maida, die Klassenlehrerin, versuchte ihn aufzuhalten, doch es gab an diesem Tag bei Lukas kein Halten. Er warf den Mülleimer um, trat gegen den Lichtschalter und zerfetzte sein Biologiebuch. Dann öffnete er das Fenster, das glücklicherweise nur im ersten Stock lag, hechtete mit einem Satz aus dem Fenster und rannte in Richtung Wald davon.

Sein Herz klopfte wie verrückt, seine Augen brannten und seine Lunge schmerzte. „Komm zurück!" schrie er, außer sich vor Zorn, in den Wald hinein. „Komm sofort zurück!"
Kai, der ihm gefolgt war verhielt sich still. Er hielt nach Kieran Ausschau. Offenbar war er es, den Lukas suchte. Doch verstand er nicht was in Lukas gefahren war. Kieran war doch zurückgekehrt! Lukas hatte es ihm selbst erzählt. Fieberhaft dachte Kai nach und überlegte was er tun sollte. Lukas war gerade dabei, einem Strauch die Äste abzuknicken. Das passte überhaupt nicht zu ihm...
Kai verstand es einfach nicht. Er fühlte nur wie riesig diese Wut war und mit einem Mal wusste er es. Lukas machte Kleinholz weil er seinen Vater so vermisste. Er schlug alles

kurz und klein. Seine Wut und seine Trauer waren so mächtig wie ein großes, mächtiges Feuer und Kai stand da, außerstande etwas zu tun.

Dann, als Lukas Bewegungen schließlich langsamer zunehmend und erschöpfter wurden, traute er sich aus seinem Versteck. „Was willst du hier!", brüllte ihn Lukas an, dann, plötzlich begann er zu weinen. Kai nahm ihn in den Arm. Es wäre ihm sogar egal gewesen wenn jemand das gesehen hätte. Lukas weinte und weinte bis Kais Jacke sich an der Schulter ganz aufgeweicht anfühlte. Endlich, als sei nichts gewesen, gingen sie in davon. Nebeneinander, bis hin zu Lukas´ Haus. „Bis morgen, Lukas", sagte Kai ganz ruhig. „Bis morgen, alles klar", antwortete Lukas, dann verschwand er im Haus. Katze wartete schon auf ihn. Er stellte ihr eine Schüssel mit Futter hin. Dann wurde er müde. So müde wie noch nie in seinem Leben. Als seine Mutter abends von der Spätschicht kam, schlief er bereits. Auf dem Anrufbeantworter fand sie die besorgte Stimme seiner Klassenlehrerin vor. Katze sah sie an, dann Lukas und drehte sich einmal um sich selbst. Die Klassenlehrerin hatte um einen Rückruf gebeten. Lukas´ Mutter rief zurück. Doch an jenem Abend nicht. An jenem Abend saß sie die ganze Nacht an Lukas Bett und bewachte seinen Schlaf. Sie fragte ihn auch am nächsten Morgen nicht was in der Schule vorgefallen war. Warum auch? Sie kannte die Antwort selbst. Später, als ihr die Lehrerin alles erzählt hatte, sagte sie nur, dass sie selbst auch gerne einmal alles zerschlagen hätte. Vor allem in den Tagen nach dem Unfall. Einmal hatte sie sogar das Hochzeitsgeschirr auf den Boden geworfen und sich danach beim Zusammenfegen an den Scherben geschnitten. Doch auch das hatte sie für sich behalten. Lukas sprach ebenfalls nicht wieder von dem Vorfall.

Niemals wieder machte er Kleinholz.

Zumindest nicht so wie an jenem Tag. Auf die eine oder andere Art schon.

Doch Kai war nun sein Freund. Und der passte auf, wenn Lukas gerade mal wieder etwas Kleinholz machen musste. Es gab jedoch zum Kleinholzmachen aber auch noch einige Alternativen. Eine davon war die Rennbahn, die Kai für ihre Fahrräder gebaut hatte. Philipp, ein Junge, der mit seinen Großeltern für eine Weile zu Besuch in Lukas´ Wald war und in einer Pension in der Stadt wohnte, sollte der Schiedsrichter sein. Kai hatte ihn bei einem Fußballspiel in der Stadt getroffen, wo er, obwohl er nur Gast war, kurzfristig gegen einen Spieler ausgetauscht wurde. Die gesamte Ersatzbank war nämlich auf einem Schulausflug in das Planetarium, was Kai zuerst ziemlich geärgert hatte. Dann, nachdem er sich von Philipps Qualitäten persönlich hatte überzeugen können, war allerdings auch für Kai wieder alles geritzt. Und so hatte er, nach dem dritten Tor durch Philipp, nicht mehr gezögert ihn zu sich und Lukas in den Wald einzuladen. Die Rennstrecke war unglaublich gut gebaut und führte um einen Weiher, der sich auf einer Lichtung im Wald befand. Philipp, mit einer Schere, Stoppuhr und einer Trillerpfeife ausgerüstet, gab das entscheidende Signal und schnitt das Zielband durch. Lukas und Kai gaben alles. Zunächst sah es so aus als könnte Kai seine Führung halten, doch Lukas legte sich riskanter als er in die Kurven und konnte so wertvolle Zeit gewinnen. Philipp feuerte beide lauthals an.

Er wollte seine Stellung als unparteiischer Beobachter nicht aus Spiel setzen. Insgeheim war er für Lukas, obwohl er Kai auch mochte. Die Jungs wurden bei jeder Umrundung schneller und schneller. Lukas kam es so vor, als könne er fliegen – und Philipp traute seinen Augen kaum: Er flog tatsächlich. Mit ausgebreiteten Armen und einem lauten Schrei war Lukas mitten im Weiher gelandet. Kai war vor Lachen vom Rad gefallen und Philipp blies entschieden in seine Pfeife, um das Spiel abzubrechen, bevor er Lukas zu Hilfe kam. Ziemlich begossen krabbelte dieser aus dem Weiher – von oben bis unten durchnässt. „Es war *wwww*underbar, Philipp", bibberte er. „Hast du gesehen? Ich konnte fliegen!" Philipp war einigermaßen beeindruckt, doch Kai begann sich schon wieder Sorgen zu machen. „Wir müssen Lukas jetzt unbedingt trockene Klamotten besorgen, bevor seine Mutter was merkt." Er überlegte. „Gut, dass du da bist Philipp", meinte er dann. „Du bist eindeutig unsere Rettung!". „Wieso ich?" fragte Philipp etwas ratlos. „Na ist doch klar", erklärte ihm Kai. Ich lenke Lukas´ Mutter an der Haustüre ab und frage sie ein paar Sachen, während du hoch in Lukas Zimmer kletterst, um ihm trockene Klamotten zu holen." Philipp war sofort dabei. Im Klettern kannte er sich aus. Und wenn Kais Pläne auch nicht immer klappten – in diesem Fall taten sie es, was nicht nur seinen eigenen verbalen Ablenkungsmanövern, sondern auch Philipps enormen Klettergeschick zu verdanken war. Mit einem Satz war er in Lukas´ Zimmer, suchte sich eine

Hose, ein Hemd und trockene Schuhe, für alle Fälle sogar noch einen Schal, Boxershorts und frische Socken zusammen. Den Kopfkissenbezug nicht zu vergessen! Den brauchte er als provisorisches Handtuch. Das musste Lukas später eben selbst irgendwie seiner Mutter erklären. Hauptsache war, dass er sich abtrocknen konnte. Philipp packte also erst einmal alles in diesen Kopfkissenbezug, was ein perfektes Bündel und sehr griffig war. Niemand konnte behaupten, dass jemand wie Philipp nicht wüsste, worauf es ankäme.

Er sah sich kurz um, wartete auf das Signal von Kai und ließ sich dann wieder den Baum herab, auf dem er hochgeklettert war.

„Ich schaue dann später nochmal nach Lukas", hörte er Kai noch zu Lukas´ Mutter sagen, und schon waren sie unterwegs. Lukas erschien nur eine Stunde später, trocken und sauber, so als sei nichts passiert bei sich zuhause. Das Rad hatten sie sicherheitshalber bei Kai untergestellt, den Kopfkissenbezog weichten sie im Waschbecken ein, das auch sofort bräunlich verfärbt aussah. Kai seufzte und ließ neues Wasser nachlaufen, bis sich die dunkle Brühe langsam aufklärte. Es würde vermutlich nochmal eine Stunde dauern, um jede einzelne Speiche vom Lehm zu befreien. Kai war sich sicher, dass es von Vorteil sei, lieber alle Spuren zu verwischen und das war Ehrensache für ihn. Er erledigte diese Arbeit ganz alleine, während Philipp sich um die alte Katze und um Tiffy, den Hamster kümmerte. „Hey, du kannst echt öfter hierher zu Besuch kommen", meinte Kai freundlich zu ihm. Er mochte Philipp. „Klar, total gerne", antwortete dieser, während die Katze sich an ihn drückte.

„Kommst du auf dem Rückweg noch einmal bei Lukas mit vorbei?" Philipp fand, dass das gut klang. In der Eile vorhin hatte er nämlich weder Stachel noch Kieran gesehen. Von beiden hatte er schon viel gehört, so dass er kein zweites Mal gefragt werden musste. „Natürlich", gab er zurück. Auf dem erneuten Weg zu Lukas´ Haus glaubte er von weitem bereits Stachel, den Igel, in den Blättern am Boden rascheln zu hören. „Warte mal ab, bis du Kieran siehst", versprach ihm Kai. Und tatsächlich. Als Lukas ihnen entgegen kam, saß Kieran auf seiner Schulter. „Es ist schon spät geworden, Philipp", stellte Kai nach einer Weile fest. Am besten begleiten wir doch noch ein Stück. Sonst gehst du uns noch verloren." Nötig wäre das nicht gewesen. Philipp fand sich überall zurecht, doch so ein nettes Angebot lehnte er natürlich nicht ab. Und so brachten ihn Lukas, Kai und Kieran sicher zurück. Die größte Ehre von allen war, dass Kieran, auf dem letzten Stück des Weges auf Philipps Schulter Platz nahm. „Hey, er mag dich total", grinste Lukas. „Aber ist ja auch kein Wunder!" Komm bald wieder mal vorbei, okay?" Das versprach Philipp gerne. Das mit dem Fahrradrennen hat Kai dann aber für die Zukunft anders aufgezogen. Er wollte ein paar Hindernisse einbauen, um die Geschwindigkeit zu begrenzen. „Ist ja nicht nötig, dass du jetzt auch noch wie Kieran in der Gegend herumfliegst", meinte er zu Lukas. Lukas lachte. Ja, eigentlich war er auch nicht gerade darauf aus, so eine Erfahrung zu wiederholen. Obwohl, so zu fliegen… Irgendwie war es ja schon etwas gewesen" „Hör schon auf!", ermahnte ihn Kai. „Ich bin dann noch der Blöde wenn was passiert." „Dein Kopfkissen sieht immer noch aus wie Wildschwein. Drei Mal hab ich Waschmittel reingekippt, und sogar Weichspüler, aber da tut sich nichts!" „Und wer hat jetzt denn eigentlich das Rennen gewonnen?", wollte Lukas schließlich noch wissen. „Da müssen wir Philipp fragen, ist doch klar", wies ihn Kai zurecht. „Da bist du jetzt aber ein bisschen spät dran!", „Macht doch nichts", antwortete Lukas. „So wie ich die Lage nämlich einschätze, besucht er uns bald wieder. Und dann fragen wir ihn einfach." „Meinst du doch auch Kieran, oder?" Kieran legte seinen Kopf in den Nacken, plusterte sein wunderschönes Gefieder auf und krächzte laut. „Ich glaube, das heißt Ja!" war sich Lukas sicher. Kieran irrte sich nämlich nie. Das Kopfkissen, niemand wusste so recht warum, wurde allerdings nicht wieder sauber. Und trotz des Weichspülers roch es komisch. Vielleicht war es vorher einfach zu weiß gewesen. So einen Vorsprung kann man nie wieder einholen, das wusste Kai genau. Kai beschloss daher also, es als Segel für das Floß zu nehmen, das er vorhatte zu bauen. Lukas fragte gar nicht erst nach wie Kai sich das vorstellte, auf einem so kleinen Weiher und dann auch noch ohne Wind zu segeln. Er konnte sich schon denken, dass solche Kleinigkeiten Kai nicht aus dem Konzept bringen würden. Das Kopfkissen, einst weiß, hatte jetzt die Farbe von Mamas Morgenkaffee, wenn sie besonders viel Milch hineingetan hatte. Kai hatte einen Raben auf das Segel gemalt. „Toll", murmelte Lukas, noch etwas gequält. Besonders gut konnte man den Raben auf dem Segel zwar nicht erkennen, von Weitem sah es eher aus wie ein einziger, schwarzer Fleck, aber Kai betonte, dass man sich schon ein wenig mehr Mühe geben müsse mit dem Hinschauen. Und tatsächlich – die weich glänzenden Federn, der kräftige Schnabel: Niemand anders als Kieran konnte das sein. Und Kieran, anders war es ja auch kaum zu erwarten gewesen, sah das ganz genauso. Er umkreiste das Floß als erster. Kai hatte sich, wie immer wenn er sich etwas vornahm, mächtig ins Zeug gelegt und das Floß in weniger als fünf Tagen fertiggestellt. So ganz vertrauenserweckend sah es zwar nicht aus, doch Lukas wollte nicht immer nörgeln. Vor allem nicht, als die Fahne, auf der Kieran abgebildet war, auch noch so abenteuerlich im Wind flatterte. Sogar der Wind spielte mit wenn Kai sich das in den Kopf gesetzt hatte. „Sollen wir schauen, ob Philipp noch in der Stadt ist?" wollte er von Kai wissen. „Hab ich schon überprüft", grinste Kai siegessicher. „Er macht nämlich nachher die Schiffstaufe, also Floßtaufe, natürlich." Lukas war beeindruckt. Philipp würde das sicher einwandfrei hinbekommen und er freute sich auch darauf, ihn wieder zu sehen. Das Floß sollte eine seriöse Taufe bekommen, und Philipp war da auf jeden Fall der Richtige. „Hey, Klasse!" Lukas klopfte ihm anerkennend auf die Schulter. Kai kümmerte sich tatsächlich um alles. „Ich hab auch noch ein paar andere Leute eingeladen, soll ja schon irgendwie etwas offiziell sein.

So ein geniales Floß im Waldsee….oder?" Kai sah so aus, als wäre er sehr stolz auf sich. „Wer kommt denn noch?", wollte Lukas wissen. „Na, ein paar Jungs vom Fußball und deine Mutter hab ich natürlich schon einladen müssen", räumte Kai ein. „Das ist ja Familie und gehört sich irgendwie." Er kratzte sich den Kopf. „Mein Vater kommt auch, Hat er wenigstens versprochen." „Ich hab sogar Limo besorgt, und Chips".

Kai hatte wirklich an alles gedacht. Er war ein astreiner Organisator für derlei Ereignisse. Soviel zumindest stand fest. Zwar fand er den Waldsee ein wenig klein für Floßfahrten, aber man konnte ja auch Anker werfen.

Kai freute sich viel zu sehr, und Lukas wollte ihm das auf keinen Fall verderben.

Also sagte er nun erst einmal nichts mehr.

Er malte sich nun vielmehr lebhaft den Augenblick aus, in dem seine Mutter das Segel mit dem schwarzen Fleck, beziehungsweise dem Bild mit Kieran darauf sehen, und schließlich verstehen würde, was mit dem Kopfkissen passiert war.

Irgendwie hatte ihm bisher die Zeit gefehlt es ihr zu sagen.

Andererseits: So toll wie es da im Wind flatterte, da musste sie doch einfach stolz drauf sein.

Anders konnte das gar nicht ablaufen. Unmöglich!

Kieran umschwirrte das Floß noch immer aufgeregt krächzend, während sich die ersten Gäste näherten.

Thema: Wut, aufbrechende Emotionen, Coping

-----------------------LÖSUNGSWEGE----------------------------

----

Abschied Tod Vertrauen Trauer
Zwang Achtsamkeit Ausgrenzung
Perspektivenwechsel Sinn Allein-Sein
Stille Leere Depressionen Angst
Unwohlsein Anspannung Identität
Reframing Wut Verlassen-Werden
Ohnmacht Unbehagen Personaler
Werte als Ressource Kontrollverlust
Neuanfänge Hoffnung Trotz Coping
Verlust Ablehnung Ausgrenzungen
Abschied Tod Vertrauen Trauer
Zwang Achtsamkeit Ausgrenzung
Unwohlsein Anspannung Identität
Perspektivenwechsel Sinn Allein-Sein
Stille Leere Depressionen Angst
Unwohlsein Anspannung Identität
Neuanfänge Hoffnung Trotz Coping
Verlust Werte Ausgrenzungen, Wut
Neuanfänge Coping Hoffnung Trotz

Verfremdung/ Verfremdungen (variierend)

Geschichte umschreiben (Gegentext, Gegeninszenierung)

Wortverdrehungen

Collagen

Montagen

Interpretationen

Briefe an die einzelnen Personen schreiben

Kommentare schreiben

Einen Vergleich zu eigenen Erfahrungen schriftlich

festhalten, parodieren

Perspektivenwechsel

Meta-Ebene beschreiben

Neue Assoziationsketten schaffen

Geschichte zu einem Impuls-Bild schreiben

Sprechen über die jeweiligen Geschichten

Vorgeschichten / Nachgeschichten schreiben

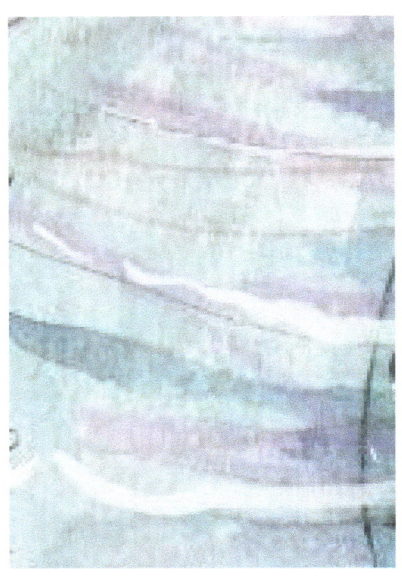

Thema: Tod eines Tieres / Trauer und Coping
Lukas und Ruby

Im ersten Frühjahr nach Kierans Erscheinen fühlte sich Lukas so gut wie noch nie zuvor. Zumindest konnte er sich nicht daran erinnern jemals so unbeschwert gewesen zu sein. Erst vor ein paar Tagen hatte er der Eule Gerda, die, seit Kieran bei ihm war oft vor seinem Fenster saß, mit ihrer verletzten Kralle geholfen, und nun konnte er ihre Schönheit bewundern, wenn sie mit weit ausgebreiteten Flügeln durch den Nachthimmel schwebte.

Er konnte sich nicht entscheiden, ob ihm ihr Flugstil oder der von Kieran besser gefiel. Aber andererseits war das auch gar nicht so wichtig. Beide waren auf ihre Art schön.

74

Kai war so etwas wie sein Freund geworden. Erst neulich hatte er ihm einen alten Weltempfänger, ein besonderes Radio, für sein Baumhaus geschenkt. Auch Mama schien viel fröhlicher als sonst.

Deshalb hatte er ihr ein Bild von Gerda und Kieran gemalt. Mama hatte es im Wohnzimmer aufgehängt und dabei hatte sie gelächelt. Das mochte er. Es war so selten geworden. Noch im letzten Herbst war sie oft von so großer Traurigkeit erfüllt gewesen, dass sogar die Katze sich ratlos neben sie gesetzt hatte, um ihr, mit eingezogenen Krallen, mit der weichen Pfote über das Gesicht zu wischen, was wohl so etwas wie ein tröstendes Streicheln sein sollte.

Es war nicht so, dass Mama geweint hatte. Sie war nur oft so dagesessen mit einem Gesicht, das erstarrt wirkte, wie stehen geblieben.
Vielleicht hoffte sie insgeheim, dass, wenn nur ihr Gesicht stehen blieb, auch die Zeit stehen bleiben könnte.
Die Zeit, die ihnen beiden Papa und Katha genommen hatte bei diesem schrecklichen Unfall, der nun schon so lange her war, als wäre er in einer ganz anderen Zeit gewesen. Lukas konnte sich kaum noch daran erinnern wie Papa ausgesehen hatte, oder Katha. Er wusste nur noch, dass er wütend auf beide gewesen war, nach dem Unfall, zumindest manchmal.

Denn kurz vor dem Unfall hatte Katha ihm versprochen mit ihm die Laterne für den Martins-Umzug fertig zu basteln.
Papa hatte ihm versprochen ihn zu begleiten. Aus keinem

dieser Versprechen war etwas geworden. Die unfertige Laterne stand noch immer auf dem Schrank neben den Servietten und den Geschenkkartons. Ab und zu schien sie das Einzige zu sein, das noch an Katha und Papa zu erinnern vermochte.

Doch Mama erinnerte sich besser, da war sich Lukas sicher. Er glaubte, dass sie sie vor sich sah, wenn ihr Gesicht so starr wurde und ihre Augen nach innen gerichtet zu sein schienen.

Manchmal hatte er sich gewünscht, dass sie wenigstens einmal geweint hätte. Das wäre ihm weniger unheimlich vorgekommen.

Aber nun hatte er Mama schon eine ganze Weile nicht mehr so gesehen.

Die Katze streichelte sie zwar noch immer mit der weichen Pfote, doch vielleicht nur noch aus Gewohnheit.

Und seine Mutter hatte begonnen, ihm die Geschichte des Zauberers Euklesophos zu erzählen. Euklesophos war ein ganz besonderer Zauber. So ist er seit alter Zeit, bis heute, der einzige Zauberer, dem es tatsächlich gelungen war zwischen den Welten zu wandern.

Da es Menschen nicht gestattet war, von der Einen Welt zu der Anderen zu wandern, bediente sich Euklesophos einer List.

Er hatte die Gestalt einer Eule angenommen und war aus der Welt der Lebenden in die Welt der Seelen geflogen.

Was er dort sah hatte ihn in großes Erstaunen versetzt. „Hätte ich das vorher gewusst", so soll er gesagt haben, „so hätte ich keine Sekunde Angst vor dem, was man „Tod" nennt, gehabt."

So gut gefiel es Euklesophos in der Welt der Seelen, von denen er viele seiner Freunde und Verwandten wieder erkannte, dass es ihm überaus schwer fiel, wieder in die Welt der Lebenden zurückzukehren.

Der lange, geheimnisvolle Weg zurück war zudem weitaus beschwerlicher, als es der Weg dorthin jemals sein konnte.

Doch er tat es dennoch, um den Menschen die Angst vor dem Tod zu nehmen.

Er erzählte ihnen von den bunten Gärten, die direkt vor dem Land der Seelen und hinter dem schimmernden Land der Schneekönigin lagen, und in denen Vögel lebten in Farben, die man nie zuvor gesehen habe. Von der wunderbaren Wärme in diesen Gärten erzählte er, und wie sie in das Land der Seelen mündeten. „Sobald man die Gärten gesehen hat", versicherte Euklesophos, „versteht man all das, was man auf Erden nicht verstehen konnte, erst hier setzt sich das ganze Bild zusammen und ergibt einen Sinn."

Dann sagte er noch, dass das Leben ein rätselhafter Traum sei, und dass alles, aber auch wirklich alles, miteinander zu tun habe. Verstehen würde man das, sobald man die Gärten gesehen habe.

Viele glaubten ihm nicht. Zugegeben: Es klang auch recht unwahrscheinlich, dass sich ein Mensch, selbst wenn er ein Zauberer war, in eine Eule verwandeln und dann auch noch den Weg zu der Welt der Seelen hin und wieder zurückgelegt haben sollte, nur um den Menschen die Angst vor der anderen Welt zu nehmen. Euklesophos war darüber so traurig geworden, dass er die Gestalt der Eule wieder angenommen und sich in den Wald geflüchtet hatte.

Dort erzählte er den Tieren vom Land der Seelen. Die Tiere, denen Trauer nicht fremd war, glaubten Euklesophos, denn sie spürten, dass er die Wahrheit sprach. Jedoch gefiel ihnen nicht, dass der Zauberer eine so große Sehnsucht nach dem Land der Seelen hatte, in dem alles so viel schöner, so viel friedlicher und farbenvoller sein sollte als hier auf der Erde. „Euklesophos", sprach der Rabe Korax, welcher der Klügste und Älteste unter den Raben des Waldes war: „Es ist schön, dass wir alle keine Angst vor dem Land der Seelen haben müssen. Doch sollte uns dieses Wissen nicht beruhigen und dafür sorgen, dass wir auch das Leben hier leben sollten, so traurig - aber auch so schön, wie es ist?"
Euklesophos, der weise war und daher immer genau zuhörte, nahm sich die Worte des Raben zu Herzen. Und der Rabe Korax gab ihm, damit er seine Worte nicht mehr vergessen sollte, eine seiner Federn.
Euklesophos lebte noch viele Jahre im Wald und auf den Lichtungen, und man erzählte sich, dass er das Leben, auch in dieser Welt, außerordentlich genossen haben soll.
Ein Baum im Wald zeugt noch heute von Euklesophos, dem großen Zauberer.
Lukas hatte begonnen die Geschichte von Euklesophos, die ihm Mama erzählt hatte, aufzuschreiben. Sie gefiel ihm.
„Ich hätte Euklesophos echt sofort geglaubt", dachte er sich häufig.

Und er mochte den Gedanken, dass auch Euklesophos eine Rabenfeder besessen hatte. Denn auch er trug Kierans Feder immer bei sich. Sobald er sich ängstlich fühlte, oder auch traurig, berührte er den weichen Flaum, tastete sich am starken Kiel der Feder herab und fühlte sich sicherer.

Sicherer und weniger allein.
Er dachte an die farbigen Vögel in den wunderbaren Gärten und er fragte sich, wie sich ihre Federn wohl anfühlten.
Wenn Lukas nun erwachte, fühlte er sich nicht mehr so bedrückt wie noch im Herbst, bevor er dem Igel Stachel und Kieran, dem Raben, begegnet war.
Oft freute er sich nun sogar auf den neuen Tag, wenn er die Augen aufschlug.
Besonders dann, wenn, wie heute, auch noch die Sonne direkt auf sein Gesicht schien, noch vor dem Aufstehen.
An solchen Tagen fühlte sich die Welt so gut an.
Es hätte also sein können, dass dieser Frühlingstag ein besonders schöner, ein ganz und gar sorgenfreier Tag für Lukas hätte werden können.

Doch das Schöne und das Traurige liegen manchmal gar nicht so weit auseinander. Nachdem er das Haus verlassen hatte, um in die Schule zu gehen, hörte er ein verzweifeltes Fiepen irgendwo im näheren Umkreis.
Er setzte den Schulranzen ab und begann zu suchen.
Es dauerte nicht lange, und er fand einen kleinen, zitternden, verletzten und völlig blut-verschmierten Raben.

Lukas sah mit einem Blick, dass er ihm nicht mehr würde helfen können.

Er nahm ihn vorsichtig aus dem noch tau-nassen Gras und legte ihn behutsam auf einen Baumstamm. Dann setzte er sich ruhig daneben und sprach ganz leise und sanft mit dem kleinen Vogel. Wenn dieser schon sterben musste, so sollte er nicht allein sein.

Der kleine Vogel sah ihn an. Er schien keine Angst vor Lukas zu haben, im Gegenteil, es schien ihn tatsächlich zu beruhigen. Lukas vergaß alles um sich herum. Er sah nur noch den kleinen Raben, der zunehmend schwächer wurde. Tränen liefen Lukas über das Gesicht, doch er zwang sich dazu, weiterhin ruhig und sanft mit dem kleinen Vogel zu sprechen. Er sollte einen friedlichen und ruhigen Tod haben können. Plötzlich stand Mama hinter ihm. „Luki", sagte sie, „was ist mit dem Raben?"
Lukas drehte sich zu ihr um, und sie sah an seinem Gesicht wie es um den kleinen Raben bestellt war.

Ohne weiter etwas zu sagen ließ sie sich neben ihm ins Gras sinken.
Gemeinsam wachten sie bei dem Raben bis es vorbei war. Auch Mama weinte still. Es war das erste Mal, dass er Mama weinen gesehen hatte.
Doch das war jetzt gerade im Moment nicht wichtig. Wichtiger war ein besonders schönes Vogelgrab für ihn zu schaffen. Mama hatte den gleichen Gedanken.
Gemeinsam gingen sie ins Haus.

Mama suchte einen mit bunten Blumen bedruckten kleinen Karton heraus, den sie mit Servietten auskleidete. Für einen nachdenklichen Moment nahm sie die halb-angefangene Laterne, die neben den Kartons auf dem Schrank stand, in die Hand. Lukas wusste es nicht, er sah nur etwas Helles über ihr Gesicht huschen, das der Abglanz der Sonne hätte sein können, doch das war der Augenblick, in dem Mama beschloss, dass sie diese Laterne mit ihm fertig stellen würde.

Sie fand, dass es nun an der Zeit war – selbst wenn Lukas mittlerweile zu groß war um an einem Laternenumzug teilzunehmen.

Als sie das Haus wieder verließen, sahen sie, dass der kleine tote Rabe Gesellschaft bekommen hatte.

Krakan, ein größerer Rabe saß direkt neben ihm und krächzte laut und aufgeregt in den Wald hinein.

Was dann geschah, hatten weder Lukas noch seine Mutter jemals zuvor gesehen. In kürzester Zeit füllten sich die Bäume rund um den Baumstamm, auf dem der kleine Rabe lag, mit all den Raben des Waldes. Sie alle waren gekommen um den kleinen Raben zu beklagen. Auch Kieran war unter ihnen.

Es war irgendwie unheimlich und doch auch von großer Feierlichkeit. Sie saßen eine lange Zeit da und ihr Krächzen klang bis weit in den Wald hinein. „Warum hab ich ihm denn bloß nicht helfen können?" weinte Lukas. Und Mama weinte auch. Doch plötzlich war da Stachel. Er saß neben der Futterschale auf der Veranda. Diesmal zischte er nicht. Er verschwand auch nicht gleich wieder. Er blieb den ganzen Tag bei Lukas und seiner Mutter bis in den Abend hinein. Lukas fand, dass der Rabe einen

Namen haben sollte. Ruby gefiel ihm. Also schrieb er einen Zettel, den er auf das kleine Vogelgrab legte. „Hier liegt Ruby", stand nun darauf. Das machte es persönlicher. In der Abenddämmerung dann zeigte Lukas seiner Mutter Gerda, die Eule, und sie sprachen über die Geschichte des Zauberers Euklesophos und über das wunderbare Land der Seelen. Mama lächelte schon wieder ein wenig und sagte, dass es schon verrückt sei, wie traurig die Welt manchmal sein konnte und wie wunderschön zugleich. Lukas fand das auch. Mama nahm ihn lange in den Arm. Sie erzählte ihm von ihrem Plan mit der Laterne. „Wir könnten sie abends auf der Veranda anzünden, was meinst du?"

Lukas nickte. Die Idee fand er gut. „Weißt du eigentlich, dass du heute Schule gehabt hättest?" fragte sie noch. Lukas nickte erneut. „Aber manchmal gibt es wichtigere Dinge", antwortete er. Sie stimmte ihm absolut zu, mit einem entschlossenen Nicken, und dann beobachteten sie Gerda, welche in all ihrer Federpracht um das Haus flog, noch eine Weile. In dieser Nacht übernachtete Lukas im Baumhaus, Kieran blieb bei ihm – die ganze Nacht. Lukas suchte den Weltempfänger von Kai nach Musik ab und Kieran trippelte dabei ständig im Takt dazu auf dem holzigen Boden umher. So ein Weltempfänger war etwas besonders. Mehr als ein Radio. Man hatte sozusagen die ganze Welt bei sich, wenngleich anders als man zunächst dachte. Als er an Ruby dachte konnte er nicht anders als auch daran zu denken, dass er nicht an das Grab von Papa und Katha gehen konnte. Er schaffte es einfach nicht. Mama und Oma hatten ihn zwar schon oft versucht zu überzeugen mitzukommen, doch konnte er nicht einmal die Vorstellung erstragen, dass es ein da ein Grab gab auf dem der Name von Katha und der Name seines Vaters standen. Es war ganz einfach undenkbar.

Das Vogelgrab war derzeit das einzige, was er überhaupt ertragen konnte. Alles andere war zuviel.

Kieran schien das zu verstehen. Zumindest sah er Lukas mit seinen dunkel-schimmernden Augen so an als wäre ihm das alles ganz klar. In den Tagen und Nächten die folgten, war er kaum noch von Lukas Seite zu bekommen. Lukas träumte nie schlecht, wenn Kieran bei ihm war. Manchmal nahm er nachts dessen Feder in die Hand, weil sie an den Seiten so beruhigend weich war. Das zog nur die schönsten Träume an, und auch das Glück.

Denn schließlich konnte es kein größeres Glück geben als solch einen guten Freund zu haben. Der Sommer im Wald wärmte die Luft und erfüllte sie mit Leben.

Und auch Stachel, ich weiß nicht warum, zeigte sich von nun an wieder öfter.

------------------------NOTIZEN-----------------------------------
----

Thema: Tod eines Tieres, Selbstwirksamkeit

----------------------------LÖSUNGSWEGE-----------------------
----

Abschied Tod Vertrauen Trauer
Zwang Achtsamkeit Ausgrenzung
Perspektivenwechsel Sinn Allein-Sein
Stille Leere Depressionen Angst
Unwohlsein Anspannung Identität
Reframing Wut Verlassen-Werden
Ohnmacht Unbehagen Personaler
Werte als Ressource Kontrollverlust
Neuanfänge Hoffnung Trotz Coping
Verlust Ablehnung Ausgrenzungen
Abschied Tod Vertrauen Trauer
Zwang Achtsamkeit Ausgrenzung
Unwohlsein Anspannung Identität
Perspektivenwechsel Sinn Allein-Sein
Stille Leere Depressionen Angst
Unwohlsein Anspannung Identität
Neuanfänge Hoffnung Trotz Coping
Verlust Werte Ausgrenzungen, Wut
Neuanfänge Coping Hoffnung Trotz

Thema: Hoffnung, Neuanfang, Lebensfreude
Lukas und das Eulenkind

Die nächtlichen Flüge der Eule Gerda und Kierans Besuche im Baumhaus begleiteten Lukas nun regelmäßig. Manchmal wachte er nachts für eine kurze Weile auf nur um Gerda oder Kieran zu beobachten. Wenn sie um das Haus flogen, fühlte er sich so wunderbar beschützt.

Auch Stachel gab ihm dieses Gefühl. Und als er dann auch noch das Eulenkind sah, fühlte er sich rundum wohl. Das Eulenkind, es musste von Gerda sein, da sich die Bruthöhle direkt gegenüber seinem Fenster befand, war soeben aus der Höhle geklettert und saß auf einem Ast, als Lukas auf es aufmerksam wurde.

Es war über und über von einem kleinen weißen Flaum bedeckt und wirkte ziemlich zerzaust.

Doch Lukas hatte es vom ersten Augenblick an ins Herz geschlossen.

Mit riesigen Augen sah es zu ihm herüber. Der zarte Flaum, der es umgab, zitterte im Wind. Man konnte sich noch gar nicht vorstellen, dass aus diesem kleinen Etwas einmal eine so kraftvolle und elegante Eule wie Gerda werden würde. Unvermittelt ließ es sich auf den Boden plumpsen und hüpfte zu Lukas, der halb im Haus, halb auf der Veranda stand. Schließlich gelangte es in seine unmittelbare Nähe. Lukas lachte, weil er das Eulenkind so niedlich fand. „Ich lach dich nicht aus, ich lache dich an!" setzte er erklärend hinzu. Er wollte nicht, dass die kleine

Eule dachte er würde sich über sie lustig machen, nur weil sie noch so klein oder vielmehr so absolut winzig war.

So etwas hätte Lukas niemals gemacht. Aber die Eule kannte Lukas ja noch überhaupt nicht, daher erschien es ihm sinnvoll zu sein, sie vorsichtshalber darauf hinzuweisen.

Doch die Eule schien nicht gerade zimperlich zu sein. Mit frechem Blick trippelte sie an Lukas vorbei ins Haus. Lukas war verblüfft. Das war selbst für ihn neu. Zwar war er daran gewöhnt, dass verletzte Tiere auf die Veranda des Hauses kamen, doch wie dieser kleine Wicht sich da eben rotzfrech ins Haus gedrängt hatte, das war noch nie zuvor da gewesen, wirklich noch nie! Soviel Selbstbewusstsein bei einem so kleinen Tier war, wie er fand, durchaus beachtlich.

Mit einem Ruck drehte sich Lukas von der Tür weg ins Haus, um zu sehen wo die Eule war. Er sah sie nicht, aber er hörte sie blitzschnell über den Fußboden trippeln. Ganz kleine „Klacks" im ersten Stock.

Aufgeregt rannte Lukas nach oben. Auf einmal war es ruhig. Die Eule musste sich versteckt haben.

Vorsichtig sah er sich um. Es war vollkommen leise im Raum. Doch plötzlich raste von rechts ein kleiner, flaumbedeckter Eulenblitz an ihm vorbei und kreischte, wie Kinder es tun, wenn sie sich gegenseitig fangen.

„Na warte", dachte Lukas und grinste. „Dich krieg ich!" Doch das war gar nicht so leicht.

Die Eule war erstaunlich flink und verblüffend wendig. Sie schien es darauf abgesehen zu haben Lukas abzuhängen und flitzte unerschrocken quer durch den

Raum und wieder zurück, flatterte kurz an seiner ausgestreckten Hand vorbei und ließ sich dann die Treppe herunterplumpsen wieder hörte er nur das kleine Klacken und Trippeln, dann war es ruhig. „Ich finde dich!" rief Lukas; doch er war sich nicht so sicher wie er tat. Das Haus schien leergefegt, kein einziger Federflaum war zurückgeblieben. Misstrauisch sah Lukas zur Katze hinüber. Ob die etwa etwas mit dem Verschwinden des Eulenkindes zu tun hatte? Es waren keinerlei verdächtige Spuren im näheren Umkreis der Katze zu erkennen.

„Wo ist die Eule?" fragte er Katze.

Die Katze sah ausgesprochen gelangweilt zu Lukas und reckte sich. Sie schien nichts von dem Eulenkind mitbekommen zu haben, und außerdem mochte sie es nicht, wenn man sie nicht begrüßte, sondern gleich mit der Tür ins Haus fiel. Lukas beschloss auf der Veranda nachzusehen.

Und dort saßen sie einträchtig nebeneinander wie ein Liebespaar: Stachel, der Igel, und die kleine Eule, die eher wie ein wirres Knäuel aus Wolle aussah. Den rechten Flügel hatte sie vorsichtig über Stachel gelegt.

Die beiden wirkten sehr zufrieden und vertraut miteinander. Das gefiel Lukas. Er kam ein Stück näher, doch da begann Stachel zu zischen. Es war offensichtlich: er wollte die Eule für sich allein haben.

Oder vielleicht doch nicht? Stachel sah ihn an und dann wieder die kleine Eule. Gerade so, als wollte er ihm etwas mitteilen, ihm ein Zeichen geben.

Die Eule war davon völlig unbeeindruckt, doch Stachel zischte nur so besonders, das wusste Lukas mittlerweile, wenn er ihm etwas oder jemandem zeigen wollte.

Obwohl er sich selbst lächerlich dabei vorkam, bemerkte Lukas, dass er auf die beiden eifersüchtig war. Schnell ging er zurück ins Haus und setzte sich auf Mamas Sessel. Sie war zu ihrem Spätdienst gefahren, und außer ihm und der Katze war niemand da. „Hallo Katze", holte er die Begrüßung von vorhin nach.
Zögernd hob die Katze den Kopf und sah ihn mit halbgeschlossenen Augen träge an.

Sie hatte keinen anderen Namen als Katze. Nicht, dass sich Lukas oder seine Mutter keine Gedanken über einen möglichen Namen gemacht hätten, im Gegenteil, sie hatten alle möglichen Namen für sie in Betracht gezogen. Doch kein einziger Name schien letztlich besser zu ihr zu passen als einfach nur „Katze".
Katze gähnte demonstrativ, klappte ihre Ohren spitz nach hinten und tappte dann in betonter Langeweile zu Lukas herüber.

Dann, in einem plötzlichen Anfall von Bewegungsfreude, sprang sie mit einem geschickten Satz auf Lukas´ Schoß, hangelte sich an seinem Oberkörper hoch und kringelte sich beinahe wie ein flauschiges Kissen um seinen Kopf. Schließlich begann sie zu schnurren. Das Schnurren vibrierte über seinen Kopf, durch seinen ganzen Körper, und er begann sich wohl zu fühlen.

„Du bist eben doch die Beste", sagte er mit geschlossenen Augen zu Katze, die daraufhin noch stärker schnurrte. Fast wäre er schon eingeschlafen, so gemütlich und warm war es mit Katze. Unvermittelt hatte er das Gefühl von außen beobachtet zu werden.

Er öffnete die Augen und sah die kleine Eule am Fenster sitzen und frech zu ihm und Katze hinüberstarren.

Mit dem Schnabel pickte sie leicht gegen die Scheibe, dann ließ sie sich wieder auf die Veranda plumpsen.

Lukas schüttelte den Kopf und seufzte.

Das konnte ja noch was werden mit dieser Eule! In seiner Hosentasche fühlte er Kierans Feder. Sie war so schön weich.

Lukas gähnte mit Katze noch ein wenig um die Wette, dann schliefen sie beide ein. Mama kam heute später als sonst nach Hause.

Sie war noch am Papierwarenladen vorbeigefahren und hatte Klebstoff und Pergament für die Laterne gekauft.

Als Mama schließlich kam, fand sie Lukas und Katze in ihrem Sessel. Beide schliefen. Doch auch sie fühlte sich plötzlich beobachtet.

Schnell schloss sie die Rollläden, und wieder kam es ihr mit einem Mal so vor, als hätte eine kleine Eule sie gerade frech durch den Rollladenschlitz angestarrt. „Das werde ich gleich morgen Lukas erzählen", dachte sie sich noch als sie das Futter für Stachel vorsichtig auf die Veranda stellte. Später ging sie noch einmal in Lukas Zimmer und sah ihn an, während er so friedlich schlief. Dann zog sie ihm die Decke zurecht, die ein wenig über die Bettkante hinaus gerutscht war. So etwas machte sie manchmal, wie Mütter eben nicht anders können. Sie wusste nicht, dass Lukas längst die Bekanntschaft der kleinen Eule gemacht hatte, und dass er, während er tief schlief, bereits von ihr träumte. In seinem Traum wuchs die Eule zu einer mächtigen und prachtvollen Schönheit heran.

Wenn sie durch die Nacht flog, berührten ihre weißen Schwingen den Nachthimmel, ja sogar den Mond. Lukas war sich sicher, dass diese Eule die Kraft hätte das Land der Seelen zu erreichen und auch den Weg zurück, zum Land der Lebenden wieder zu finden.

In den wunderbaren Gärten würde sie eine kurze Pause einlegen und die Vögel, in ihren prächtigen Farben, würden sie umringen und alles wissen wollen, was die Eule während ihrer Nachtflüge erlebt hätte, und sie würde zum Dank für Ihre Erzählungen drei Federn bekommen in der prachtvollsten Farbe bevor sie dann das Land der Seelen erreichen würde. Dort, er sah sie vor sich, sprach sie mit vielen, die nun dort lebten. Es gab nur Glück dort, keinen Schmerz und kein Leid. Der Eule würde es nicht leichtfallen zurückzukehren, doch sie würde es tun. So wie vor ihr bereits der große Zauberer Euklesophos.

Sie würde ihm dann genau erzählen wo sein Vater und seine Schwester jetzt waren, und sie wüsste alles über diesen schönen Ort, denn niemand außer Euklesophos und dieser Eule würde jemals so hoch hinausfliegen wie diese. Und nicht nur er wusste das: auch Stachel, denn er hatte ihm ein deutliches Zeichen gegeben. Immerhin hatte er gezischt, das war nicht zu leugnen.

Vielleicht würde die Eule ja auch ihm eine Feder mitbringen. Wundern täte es ihn zumindest nicht. In jedem Fall würde sie ihre Erzählungen mitbringen und all das, was sie gesehen und erlebt hatte.

Als Lukas am nächsten Morgen erwachte, wusste er, wie er sie nennen würde: Luna, denn höher noch als der Mond würden ihre Schwingen reichen.

„Hallo Luki!". Mama war in sein Zimmer gekommen um ihn zu wecken. Beim Frühstück berichtete sie ihm von der kleinen Eule. „Ich weiß schon", gab er zurück, „das ist Luna." „Falls sie auftaucht, kümmerst du dich um sie während ich in der Schule bin?"

„Aber klar", versprach Mama, „sie bekommt sogar etwas vom Super- Kraftfutter aus dem Tierladen."
„Das ist echt gut", sagte Lukas mit einem erleichterten Lächeln.
„Sie muss nämlich besonders groß und stark werden".
Dann zwinkerte er Stachel zu, der ihm halbverschlafen von der Veranda aus nachsah, als er sich auf den Weg zur Schule begab. Mama sah ihm ebenfalls nach, allerdings durch das Fenster. In seiner Tasche fühlte er Kierans Feder.
Mit einer Feder hatte das, was gut war, angefangen. Das war an dem Tag, an dem er Stachel begegnet war. Und mit Kierans Feder war es weitergegangen.
Sie hatte viel Gutes in sein Leben gebracht. Und außerdem roch der Waldboden heute so gut. Irgendwie passte heute alles so richtig zusammen.
Ein schriller Pfiff riss ihn aus seinen Gedanken: „Hey, Lukas!". Es war Kai.

Er grinste mit seiner so unfassbar riesigen Zahnlücke zwischen den Vorderzähnen in seine Richtung. Lukas freute sich richtig ihn zu sehen. Kai nervte manchmal, aber eigentlich war er in Ordnung. Man merkte das zwar nicht unbedingt auf den ersten Blick, aber jetzt hatte Lukas es ja trotzdem herausgefunden. Und das wiederum hatte er Kais Katze zu verdanken. Ihr Name war Maxime.

Manchmal holte Kai ihn jetzt morgens auf dem Weg zur Schule ab.

„Hi!". Lukas kickte ihm einen Tannenzapfen zu, der noch vom Herbst dort lag.

Kai kickte ihn ein Stück weiter den Waldboden entlang. „Sag mal, kommst du am Nachmittag zu mir?" fragte er ihn. Lukas nickte. „Klar, klingt gut!"

Kai nickte auch kurz und lachte zu ihm hinüber. In seiner Tasche fühlte er wieder die Feder und er war sich sicher, dass sie ihm das Glück der Freundschaft gebracht hatte.

Das größte Glück überhaupt.

--------------------------NOTIZEN----------------------------------
----

Thema: Hoffnung, Neuanfang, Lebensfreude

----------------------LÖSUNGSWEGE----------------------------

----

Thema: Krankheit, Angst, Sinnsuche
Lukas und Mia

Auch als er im November so krank wurde, war die Feder bei ihm, während der gesamten sieben Wochen, die er im Krankenhaus verbrachte.
Es war ganz plötzlich gekommen.
Erst dachte er, seine Krankheit wäre der von Mama ähnlich, als diese oft so müde und mit einem ganz entfernten Gesicht auf dem Sofa gesessen hatte.
Doch dann war ihm immer öfter einfach schlecht geworden, und einmal war er, mitten in der Schule, ohne Vorwarnung umgefallen. Mama hatte sehr besorgt ausgesehen und schließlich hatte sie ihn zu einem Arzt in der Stadt gebracht. Lukas war lange untersucht worden.
Man hatte ihm Blut abgenommen, und er war in eine Röhre geschoben worden.
Dort, das hatte der Arzt ihm erklärt, könnte man alles finden, das Menschen krank macht und was ihnen fehlt.
Wenn man das dann wüsste, erklärte der Arzt, könnte man bestimmen welche Medizin man braucht um wieder gesund zu werden.
„Du brauchst keine Angst zu haben", sagte der Arzt noch.
Doch Lukas hatte keine Angst. Jedenfalls nicht vor dem Arzt. Es war nämlich wie damals, als der Frosch-Busfahrer gequakt und die Bäckerin gegurrt hatte.
Dieser Arzt hier war ein freundlicher, weißer Ziegenbock.
Stachel würde das, mit Sicherheit, ganz genauso sehen.
Vor der Röhre hatte Lukas schon ein wenig mehr Angst.
Doch dann sagte er sich, dass der nette Ziegenbock sicherlich Recht damit hatte. Mit allem.

Es war einfach die beste Idee herauszufinden, was ihm fehlte. Nur so wüsste man dann immerhin, was getan werden musste um ihm dabei zu helfen wieder gesund zu werden.

Lukas selbst hatte das bei all den kranken Tieren, die zu ihm gekommen waren, ja auch so gemacht.

Natürlich ohne Röhre. So etwas gab es im Wald nicht. Aber vom Prinzip her waren seine Untersuchungen ja irgendwie auch nichts wesentlich anderes gewesen. An seine Tiere dachte er nun, während er in dieser lauten, metallischen Röhre lag. Als er sich vorstellte wie gesund die meisten von ihnen wieder in den Wald gelaufen waren, huschte ein flüchtiges Lächeln über sein Gesicht. Dann wiederum kam ihm Ruby in den Sinn. Ruby, der kleine Vogel, dem er nicht mehr hatte helfen können. Könnte das bei ihm auch so sein? Könnte es wirklich sein, dass er selbst so schwer krank war? So schwer, dass er sterben würde so wie Ruby?

Lukas wagte es nicht diesen Gedanken weiter zu verfolgen. Allein das Bild von Mama in seinem Kopf, das in ihm entstand, und auf dem sie so unendlich traurig aussah, sprengte seine Vorstellungskraft. Das ging also nicht. Auch wenn es im Land der Seelen so schön sein sollte wie es der Zauberer berichtet hatte-Lukas war sich sicher, dass er da absolut nicht hinwollte. Nicht jetzt.

Er wollte hier bleiben in seinem Wald, bei Mama, bei Stachel und Kieran, bei Luna, Katze und Gerda. Ja, und auch bei Kai, bei seinem neuen Freund.

Noch in der Röhre musste er heftig weinen doch das war ihm egal. Sollte die Röhre doch sehen, dass er weinte!

Dann wüsste sie, was ihm fehlte, was ihm fehlen würde: und zwar einfach alles. Alles. Sogar die Schule.

Lukas wünschte sich nur Eins: alles sollte genauso weitergehen wie bisher. Es lief doch gerade einmal so toll! Später sprach der Arzt noch lange mit Mama. Mama weinte wie an dem Tag, an dem sie Ruby beerdigt hatten, doch sie wartete damit bis Lukas im Bett war und sie alleine mit Oma sprechen konnte.

Oma Paula war extra mit dem Zug angereist, das machte die immer, wenn Mama ihre Hilfe brauchte. Und gerade jetzt war das so.

Lukas hörte, wie sich die beiden Frauen leise, beinahe flüsternd unterhielten. Er mochte Oma Paulas Stimme ganz besonders gern.

Wenn sie sprach dachte er immer, dass irgendwie am Ende doch alles gut werden würde.

Mama weinte und sagte so etwas wie, dass sie das nicht verdient hätte - erst ihre kleine Tochter und ihren Mann zu verlieren, und dann auch noch ein so krankes Kind zu haben, wo doch dieses Kind alles wäre was sie noch hätte, und außerdem hätte Lukas sowieso schon genug durchgemacht- und jetzt so etwas... Ihre Stimme zitterte als sie schniefte, dass das einfach viel mehr war als man aushalten könnte. Oma sagte nur mit ihrer ruhigen, sanften Stimme, dass so etwas niemand verdient hatte. Und dann sagte sie mit großer Bestimmtheit: „Luki wird wieder gesund – das weiß ich einfach!"

Mama sagte daraufhin erst einmal nichts mehr. Sie weinte nur leise vor sich hin. Oma lief unten ein wenig umher und räumte die Sofadecke vom Sofa auf die Eckbank und dann wieder zurück.

Wahrscheinlich dachten die beiden, dass er von der ganzen Sache, und auch von dem Gespräch eben nichts mitbekommen hätte. Lukas dachte sich noch, dass Eltern und überhaupt Erwachsene manchmal gar nichts über Kinder wissen! Einfach deshalb, weil sie denken die Kinder würden von den Dingen um sie herum nichts verstehen. Er schüttelte den Kopf. Und dann tat er das, was er in diesem Moment für das einzig Richtige hielt.

Lukas stieg aus seinem Bett, lief leise herunter zu Mama, die da immer noch weinend auf dem Sofa saß, setzte sich ganz nah zu ihr, direkt zwischen Oma und sie, und nahm sie in den Arm. Mama weinte nun noch heftiger, und sie klammerte sich an Lukas fest als würde sie ohne ihn ertrinken.

Nach einer Weile wurde sie ruhiger. „Entschuldige bitte, Luki", schniefte sie, „das wollte ich nicht."

Oma stand auf um einen Kakao zu kochen. Das machte sie häufig, wenn sie nicht mehr weiter wusste.

„Ach, Mama", sagte Lukas nur, und dann führte er sie hinaus auf die Veranda.

Er erzählte ihr von Kai, und dass er ihn jetzt richtig mochte. Und von der alten Katze, die Kai so liebte erzählte er auch.

Meistens sah sie schlecht gelaunt aus, so als würde ihr irgendetwas so ganz und gar nicht passen.

Als er sie Mama beschrieb, musste sie lachen. Das war aber auch eine besonders missmutige Katze, fast so schlecht gelaunt wie es sonst nur ein Mensch sein konnte.

Dann kam Oma von drinnen und hatte den Kakao dabei.

In eine Decke gehüllt saßen sie für eine ganze Weile dort und sahen dem friedlichen Nachtflug der Eule Gerda zu.

Thema: Krankheit, Angst, Sinnsuche

----------------------LÖSUNGSWEGE----------------------------

Abschied Tod Vertrauen Trauer
Zwang Achtsamkeit Ausgrenzung
Perspektivenwechsel Sinn Allein-Sein
Stille Leere Depressionen Angst
Unwohlsein Anspannung Identität
Reframing Wut Verlassen-Werden
Ohnmacht Unbehagen Personaler
Werte als Ressource Kontrollverlust
Neuanfänge Hoffnung Trotz Coping
Verlust Ablehnung Ausgrenzungen
Abschied Tod Vertrauen Trauer
Zwang Achtsamkeit Ausgrenzung
Unwohlsein Anspannung Identität
Perspektivenwechsel Sinn Allein-Sein
Stille Leere Depressionen Angst
Unwohlsein Anspannung Identität
Neuanfänge Hoffnung Trotz Coping
Verlust Werte Ausgrenzungen, Wut
Neuanfänge Coping Hoffnung Trotz

THEMEN: Krankheit, Freundschaft, Coping
Lukas und die Pinguine

Am nächsten Morgen kam Lukas dann ins Krankenhaus. Und weil er nun meistens Glück hatte mit dem Knüpfen von Freundschaften, war ihm sofort Mia aufgefallen, ein Mädchen, das auf der Station mit einem Bücherwagen durch die Gänge raste. Den Bücherwagen hatte sie wahrscheinlich irgendwo entwendet, denn eine Frau, die offenbar auf der verzweifelten Suche nach etwas war, sah genauso aus wie sich Lukas die Bücherwagenfrauen in Krankenhäusern immer vorgestellt hatte. Bevor das Mädchen jedoch von der Frau erwischt werden konnte, ließ es diesen mit einem Ruck allein um die Ecke gleiten, davor hatte es sich mit einem kühnen Sprung von dem fahrenden Wagen direkt in Lukas´ Zimmer geflüchtet. Lukas stand im Türrahmen. Die Krankenschwester hatte die Tür aufstehen lassen, da die Arzt-Visite erwartet wurde.

Lukas war es nicht danach im Bett zu liegen. Es war sonnig draußen und ein wenig windig. Doch für November war es sogar richtig warm. Wie gerne wäre er gerade jetzt in seinem Wald gewesen.

Doch das wilde Mädchen ließ ihn das wenigstens für einen Moment vergessen.

Statt der weißen, feierlichen Prozession von Ärzten sauste ein atemloses, ziemlich verrückt wirkendes Mädchen an ihm vorbei in sein Zimmer, riss ihn dabei beinahe um, und keuchte nur kurz so etwas wie „Hallo, ich bin Mia", dann versteckte sie sich unter dem Bett. „Hey, sag mal - was machst du denn da?"

Wollte Lukas wissen. „Na, die ganzen Pinguine abhängen, natürlich." Mia schien kein zögerlicher Typ zu sein.

Lukas konnte sich unter den Pinguinen absolut nichts vorstellen, er wusste wirklich nicht, wen sie damit meinen konnte.

Doch dann näherte sich, tatsächlich geradezu feierlich die angekündigte weiße Prozession der Ärzte.

Weiß waren sie, nicht schwarz wie Pinguine. Aber trotzdem waren es Pinguine.

Sie watschelten in einer geschlossenen Gruppe entschlossen auf ihn zu.

Mia hatte Recht.

Lukas verkniff sich ein Grinsen. Es würde wahrscheinlich Fragen aufwerfen, denn ein Grinsen passte vermutlich nicht so recht in ein Krankenzimmer.

Und wenn er so über alles nachdachte, dann war ihm in der Tat so gar nicht nach Grinsen zumute.

Die Pinguine waren sehr nett zu ihm. Der Ober-Pinguin erklärte den anderen etwas über Lukas und über die Art und Weise, wie sie sich vorstellten, ihm zu helfen.

Einer der jüngeren Pinguine stellte ein paar gezielte, ernste Fragen, dann watschelten sie geschlossen wieder zur Tür hinaus.

Als der jüngste der Pinguine, ein junger Assistent, die Tür gerade von außen schließen wollte, drängte sich eine kleine, graugelockte Frau mit einer runden Brille auf der Nase in das Zimmer. „Hallo, hat hier jemand meinen Bücherwagen gesehen?" wollte sie wissen.

Die Ärmste sah wirklich aufgeregt aus, deshalb verriet Lukas ihr, dass er den Wagen um die Ecke herum gesehen hatte. „Gleich bei dem Schwesternzimmer", fügte er noch hinzu. Die ältere Dame bedankte sich und schloss die Tür mit einem hörbar erleichterten Seufzen. „Ja, du bist mir ja einer", kam zuerst ihre Stimme, dann die ganze Mia zerknittert unter dem Bett hervor. „Und wie bitteschön soll ich jetzt meine Ausfahrten machen?" „Na ja, du könntest ja auch einen der Rollstühle nehmen, die da auf den Gängen rumstehen."

Mia sah ihn skeptisch an. Man merkte, dass sie nicht überzeugt war.

„Ich wette, da bekommt man auch eine gehörige Geschwindigkeit drauf", vermutete Lukas und bemühte sich ernsthaft um einen möglichst überzeugenden Gesichtsausdruck.

„Aber dieser Bücherwagen ist besser", jammerte Mia. „Mit den kleinen, harten Rädern rast der wie der Blitz". Lukas kratzte sich am Hinterkopf, bevor er feststellte: „Na ja, aber er ist halt eben nicht dafür gedacht, sondern für Bücher...." „Phhhhhhhhhh", unterbrach ihn Mia genervt. „Phhhhhhhhhhh, Bücher!" Sie klang nicht begeistert.

„Was hast du denn gegen Bücher?" wollte Lukas von ihr wissen.

Mia überlegte kurz. „Mhhh, na ja, eigentlich nichts", antwortete sie ihm dann, „nur die auf dem Wagen hab ich eben schon alle gelesen".

„Echt?" fragte Lukas etwas ungläubig, denn es hatten ziemlich viele Bücher auf diesem Wagen Platz. Mia nickte. „Bin schon eine Weile hier", erklärte sie dann. „Ach so", murmelte Lukas, und dann wusste er nicht mehr was er noch sagen sollte.

Mia allerdings war offenbar nicht um Worte verlegen. „Ich kann dir zum Beispiel gerne eine Geschichte erzählen, die ganz von mir selbst ist".

Das machte ihn neugierig.

„Magst du sie hören?" fragte Mia noch, doch die Antwort war schon klar.

Natürlich wollte er das. Vielleicht war die Geschichte von Mia richtig gut. Auf jeden Fall wollte er sie hören! „Ok", versprach sie, „aber jetzt muss ich wieder gehen." Er fand es schade, dass Mia schon wegmusste.

„Morgen bin ich aber wieder da", flüsterte sie ihm noch zu, dann war sie weg.

Lukas wusste nicht so recht, warum Mia eigentlich geflüstert hatte.

Aber aus diesem Mädchen wurde man ja sowieso nicht so richtig schlau.

Nachmittags kamen Mama, Oma und sogar Kai vorbei. Mama redete nicht so viel, doch Kai quasselte dafür gleich für sie mit. Oma fragte ihn immer wieder etwas, so dass er fast ununterbrochen sprach.

Von der Schule erzählte er und von seiner Katze. Mama war in Gedanken schon viel weiter weg, wahrscheinlich dachte sie bereits an die Operation, die Lukas am nächsten Tag bevorstehen würde.

Sie sah sehr besorgt aus, doch gleichzeitig bemühte sie sich das zu überspielen.

Dann sagte sie noch, dass sie die Laterne für ihn basteln würde, noch heute Nacht.

Oma nickte bestätigend und Lukas wusste, dass sie ihr helfen würde. Oma konnte nämlich viel besser basteln als Mama. Man konnte beinahe sagen, dass sie so etwas wie eine fast schon professionelle Bastel-Künstlerin war. Bevor er in dieser Nacht einschlief, dachte er an seinen Wald, an seine Tiere und an Mama mit der Laterne.

Er stellte sich vor wie sie draußen auf der Veranda leuchtete, während die Tiere alle irgendwo in der Nähe des Hauses waren, so dass Mama und Oma nicht allein wären.

Und nicht nur das: Auch der Mond und die Sterne wären so hell, dass die Eule, der Fuchs und wer vielleicht sonst noch am Sternengucken interessiert war, die Augen gar nicht mehr von dem erleuchteten Himmel würden lassen können. Der Gedanke tröstete ihn und half ihm über die Nacht.

Am nächsten Morgen wurde Lukas schließlich für die Operation vorbereitet. Die Schwestern waren sehr freundlich zu ihm. Sie erklärten ihm, dass er jetzt eine Spritze bekäme, und dann recht schnell müde werden würde.

Wenn er dann wieder aufwachte, wäre alles schon erledigt. Lukas fand, dass das gar nicht mal so schlecht klang. Dann wurde er müde.

Als Lukas wieder aufwachte, waren Mama und Oma bei ihm. Später kam Mia dazu. Er war noch ein wenig benommen, doch sie begann trotzdem mit ihrer Geschichte. Das war gut, denn er hatte ein wenig Schmerzen, und schlecht war ihm auch.

Mias Geschichte half ihm dabei, nicht mehr daran zu denken. Ihre Geschichte war so wunderbar wie Mia selbst.

Lukas mochte sie sofort, genauso wie er sich das vorgestellt hatte. Er konnte alles genau so vor sich sehen wie Mia es erzählte. Er roch sogar den Schnee, der in ihrer Geschichte eine wichtige Rolle spielte. Auch Mama hörte gespannt zu, später sogar Kai, der extra wegen ihm gleich nach der Schule vorbeigekommen war.

Oma stellte auch Mia eine Menge Fragen zu ihren ausgeklügelten Abenteuerberichten.

Und Mia, so wie vor ihr Kai, war von diesen Fragen direkt beflügelt und hörte gar nicht mehr auf zu erzählen. In Mias Geschichten kamen genauso viele Tiere vor wie in Lukas ' Wald.

Nur dass ihre Tiere nicht im Wald lebten, sondern in einem kalten Land voller Schnee und Eis. Wenn die Sonne einmal dort schien, dann glitzerten all der Schnee und das ganze Eis in den wunderbarsten Farben.

Es gab Schlösser, die ganz und gar aus Schnee gebaut waren. Und obgleich sie gänzlich aus Schnee und Eis bestanden, war es in ihrem Inneren nicht kalt. Reisende fanden dort immer eine warme Raststätte. Und wenn man sich einmal verlief, so musste man nur den Spuren folgen, die zu dem Schloss hinführten. Sie wurden nicht vom Schnee verweht, und wenn doch, dann entstanden immer wieder neue. Die Schneemenschen waren nämlich sehr gastfreundliche, friedliche Menschen, und jeder, der vorbeikommen wollte, war dort äußerst willkommen.

Deswegen kamen auch zu jeder Stunde neue Besucher an, die von der langen Wanderung im Schnee immer hungrig waren. Die meisten Speisen dort waren weiß. Das klingt zunächst einmal wenig aufregend, doch gab es über fünfundsiebzig verschiedene Weiß-Töne – und Geschmacksrichtungen. Kein Weiß glich dem anderen. Zwischen blauweiß, kristallweiß, schneeweiß, elfenbein-weiß, lichtweiß, schattenweiß, seidenweiß, schwanen-weiß, kokosweiß, süßsahneweiß und fussspurenweiß orientierte man sich hier. Wenn man sich damit nicht auskannte, und sich daher erst einmal so richtig anstrengen musste das alles zu erkunden, wurde man natürlich erst Recht so richtig hungrig.

Doch das war kein Problem, denn es gab von allem mehr als genug.

Es gab Vanilleeis, weiße Schokolade, Milchreis, Wind-Sahnebeutel und pudrig-weiße Kokos-Schaumköpfe.

Die Tiere dort waren natürlich auch weiß.

Dort gab es sehr viele von ihnen: Polarfüchse, weiße Wölfe und Schneeeulen. Weiße Hirsche und Rentiere gab es selbstverständlich auch.

Eigentlich war es gar nicht so verschieden von Lukas ' Wald, nur dass eben alles immer voller Schnee war und immer weiß. Die Luft war klar und kalt, und man konnte seinen eigenen Atem sehen und die glitzernden, tausend-fachen Reflexionen der Sonne, der Sterne oder des Mondes im Schnee.

„Dahin würde ich gerne einmal hinreisen", seufzte Mia sehnsüchtig. „Wäre dir das nicht viel zu kalt?" wollte Lukas noch wissen.

„Natürlich nicht"! Mia wurde ungeduldig. Natürlich nehme ich ´ne warme Mütze mit.

Sie sah wirklich sehr entschlossen aus, und Lukas konnte sie so richtig gut vor sich sehen.

Mia in dem weißen, glitzernden Schneeland umringt von all den weißen Tieren, von denen sie so gerne sprach.

Sogar ihre dunklen Haare waren weiß vom Schnee und flatterten in der winterlichen Luft. „Weißt Du", meinte Lukas, „das fände ich auch echt toll, wenn du da wirklich mal hingehen könntest!". Mia nickte begeistert. „Find ich auch", bestätigte sie noch, und ihre Augen strahlten. „Wir könnten zum Beispiel auf einem echten Schnee-Mammut dorthin reiten. Das wäre dann nicht so anstrengend wie zu Fuß!"

Meinst du denn, du könntest wirklich auf so einem Schnee-Mammut reiten?" „

Klar!" Lukas war sich sicher, dass das eigentlich nicht so schwer sein konnte. Anscheinend gab es, neben der Möglichkeit mit den Mammuts, zahlreiche silberne Flüsse dort, und selbst vor den Toren ihres Reiches, die in den kurzen, etwas wärmeren, Mittagsstunden nicht mehr ganz zugefroren waren.

Auch auf diesem Weg könnten sie also eben-falls in das Reich der Schneekönigin gelangen. Die Sache mit den Mammuts gefiel Lukas aber deutlich besser.

Abgesehen davon, dass es höchstens Elefanten sein konnten, und mit Sicherheit keine Mammuts.

Andererseits: es war vermutlich nicht so leicht, dort in absehbarer Zeit hinzugelangen. Wahrscheinlich war es zudem besser, Mia vorher darauf hinzuweisen, dass Mammuts ausgestorben waren.

Doch das beeindruckte überhaupt Mia nicht.

„Im Land der Schneekönigin geht nichts verloren. Nichts dass es jemals gab und nichts das jemals sein wird."

Lukas mochte diese Idee.

„Erzählst du mir noch mehr vom Land der Schneekönigin?", wollte er wissen. Mia nickte:
„Der Schnee ist kalt, und die Luft auch; doch auf eine gute Art. Wenn man sie einatmet dann gibt es nichts mehr das einen bedrücken könnte denn sie ist leicht die Luft, und fröhlich." „Kann Luft denn fröhlich sein?", hörte sich Lukas, wie von weit weg, fragen.

„Ja, total fröhlich", bestätigte Mia und erklärte:

„Sie strebt nach oben, was nach oben strebt ist fröhlich und freundlich denn sie nimmt dich auf, und ab und zu bist du auch ein Teil von ihr."
Nachdenklich senkte sie ihre Stimme ein wenig bevor sie fortfuhr:
„Manchmal, wenn ich träume, bin ich die Sonne, bin ich der Mond, ich bin die Erde und ich bin der Himmel, das ist alles in mir, jeder einzelne Stern ist in mir und ich bin jeder von ihnen.

Der Schnee bin ich und der Regen, das leise Lachen über den Wipfeln und das Heulen in den Wolken, das Rauschen in den Bäumen und das Klopfen über den Häusern. Ich bin alle Bücher die ich gelesen habe, und alle Buchstaben - hunderttausendfach.

Ich bin die Wärme und das Murmeln eines kleinen Flusses oder die störrische Stille eines Sees zur Mittagszeit." Was sie da sagte und wie sie es sagte...so als wäre sie gar kein Mädchen, sondern schon viel älter. Vielleicht so alt wie die -. Mindestens. „Ach", winkte sie nur ab als sie in sein verblüfftes Gesicht sah. „Das hab ich wahrscheinlich nur irgendwo gelesen oder sonst wie aufgeschnappt. Sie grinste kurz. Der volle Bücherwagen. Der, mit dem man so schnell durch die Gänge kam. Das weißt du doch noch, oder?" „Ja, schon."

Natürlich erinnerte er sich genau an den Bücherwagen. „Aber trotzdem ist es wahr, oder?" Lukas war gespannt auf ihre Antwort. „ Ja, natürlich. Und vielleicht hab ich es doch nicht gelesen. Vielleicht hab ich es geträumt.

Es ist egal. Was zählt ist, dass es wahr ist. Und es ist wahr!" Lukas dachte sich, dass ihm in der Tat noch nie jemand wie Mia begegnet war. Sie hatte sich jetzt vollkommen in Rage geredet, begeistert fuhr sie fort: „Und die Luft, weißt du, die Luft. Wenn du sie bist dann bist du überall und du kannst alles, wirklich alles berühren." Nach einer kurzen Pause fügte sie hinzu: „Weißt du, alles fühlt sich anders an." Ihr Gesicht erschien nun gelöst und sie atmete ruhiger. „Aber Lukas, der Schnee im Land der Schneekönigin wiederum unterscheidet sich von dem, was du in den Gärten erlebst." „Welche...ähm... Gärten meinst du denn?", wollte Lukas vorsichtig wissen. Kannte sie etwa die geheimen Gärten des Zauberers? Ein wenig unheimlich war ihm der Gedanke schon, dass Mia wohlmöglich die Gärten von Euklesophos kannte, denn bisher war er davon ausgegangen, dass niemand außer ihm und Mama die Geschichten von Euklesophos, dem großem Zauberer, kannten.

„Die Gärten von denen ich geträumt habe natürlich", erwiderte Mia, über die Frage offenbar ziemlich erstaunt.

Lukas überlegte sich, ob es Euklesophos vielleicht auch außerhalb gab. Außerhalb von Mamas Erzählungen und auch außerhalb von Mias Träumen. Allein der Gedanke erschien ihm mehr als verrückt zu sein, und trotzdem. Trotzdem. Dann, ganz plötzlich, dachte er bei sich, dass es möglicherweise gar keinen so großen Unterschied machte wo er war - ob innerhalb oder außerhalb von Träumen und von Erzählungen. Denn, auf einmal kam ihm das gar nicht einmal mehr so unwahrscheinlich vor:
Was, wenn es ohnehin gar keinen so großen Unterschied zwischen den Dingen gab?
Was, wenn das Leben sowieso nur ein Traum war, und der Traum das Leben? So wie Katha das einmal gesagt hatte.
Was, wenn man erst in den Gärten des Zauberers so richtig erwachte. In den wunderbaren Gärten, in denen man
plötzlich all das verstand. Auch das, was vorher noch ein Rätsel gewesen war?

Er dachte an Katha und an Papa und daran, dass es ihm manchmal so erschienen war als seien sie noch da. Irgendwo in den Dingen, die ihn umgaben. Nicht wirklich greifbar, doch deutlich fühlbar, erkennbar, wenn man genau hinhörte, genau hinsah.

Das Land der Seelen - vielleicht war es fern und dann doch wieder nah.

Lukas wusste nicht warum, doch mit einem Mal war er davon überzeugt, dass Mia die Antwort wusste.
Sie nickte, als wüsste sie schon, was er gleich fragen wollte.

„Es ist genau hier", antwortete sie, und legte ihren Daumen auf seine Handfläche.

„Und", fuhr sie fort, „es ist dort." Dabei bewegte sie den Kopf mit einer leichten Drehung, und allein dieses Nicken deutete an, dass es weit weg war, sehr weit, unfassbar weit und zugleich unfassbar nah. Beides zugleich, irgendwie.

Er fühlte Mias Daumen noch immer warm auf der Innenfläche seiner Hand.

Das fühlte sich gut an. Mia sagte nun nichts mehr. Sie saßen lange ganz schweigend und ruhig nebeneinander und Lukas dachte sich, dass Mia ein echter Freund war.

Jemand, mit dem man auch mal einfach nur dasitzen kann, ohne dass jemand ständig reden musste.

Es stimmte also gar nicht, dass Mädchen immer nur pausenlos quatschten. Manche Mädchen waren überhaupt nicht so.

Mia war eine von ihnen.

Und, was sie da erzählte, wenn sie gerade nicht schwieg, die Geschichten von den Mammuts, den Schneewölfen und all den Tieren im Land der Schneekönigin, all das gefiel ihm.

Thema: Krankheit, Freundschaft, Coping

---------------------------LÖSUNGSWEGE---------------------------

Thema: Proaktives Coping, Selbstwirksamkeit
Lukas᾽ Einladung

Lukas dachte nach: Wenn Mia Tiere auch so mochte wie er selbst, wer weiß, vielleicht würde es ihr auch in seinem Wald gefallen.

Das brachte ihn auf eine Idee. Der Wald war nicht so weit weg. Er wollte es ihr gleich am nächsten Tag vorschlagen. Mia sollte sie alle kennenlernen: Stachel, Kieran, Katze, Gerda und das kleine Eulenkind Luna, Rüdiger die Fledermaus und alle, die sich sonst noch in diesem Wald und in seinem Haus befanden. Niemand sonst hätte er seinen Wald zeigen wollen, doch bei Mia war das anders. Eben weil Mia anders war. Er wollte es ihr sofort erzählen, doch Manfred saß bei ihr und sie hörten Lieder aus einem kleinen, total altmodischen und klapprigen Radio, das Manfred ihr mitgebracht hatte. Irgendwie fand er, würde es stören wenn er da jetzt dazukäme. Auf dem Gang sah er Mias Mutter, die mit einem der Ärzte sprach. Ob sie wusste, dass Ärzte für Mia Pinguine waren? Vielleicht weil man vor Pinguinen, und vor dem, was sie so von sich gaben keine so große Angst hatte. Wie denn auch?

Als er dann am nächsten Morgen nach ihr sah, schlief sie. Ihre Mutter saß mit Manfred am Bett und sah Lukas an. „Mia ist heute müde", sagte sie leise. Sie schlief den ganzen Tag und die gesamte Nacht hindurch.

Auch die nächsten Tage stand Mia nicht auf.

Manfred und ihre Mutter saßen wie immer gemeinsam bei ihr am Bett, und Lukas wollte nicht stören.

„Du störst nicht", sagte Manfred an einem der Tage, an denen er sie besuchen kommen wollte.

„Warum setzt du dich nicht einfach zu uns?" Das tat Lukas, und später kamen auch Mama, Oma und Kai, und sie alle saßen bei Mia. Das war schön.

Obwohl Mia müde aussah, konnte man sehen, dass ihr das gefiel mit Lukas, Kai und den Erwachsenen.
Erst als die Pinguine wieder kamen, und auch Lukas in sein Zimmer zurück musste, wurde es in Mias Zimmer erneut ruhig.

Schließlich, nur wenige Tage später, kam der Arzt mit besonders guten Nachrichten für sie: Für Mia, ihre Mutter und Manfred, der mittlerweile so etwas wie Mias Vater geworden war.
Vor Erleichterung weinte Mia mindestens eine Stunde auf dem Klo, wo man sich einschließen konnte und dabei die Spülung betätigen konnte, so dass niemand etwas hören konnte.
Dann trat sie wieder heraus und lief zu ihrem Bett, wo Mama und Manfred sprachlos vor Glück saßen.

Mama hatte glücklicherweise nichts von alledem mitbekommen. Oder vielleicht doch? Sie sah Mia heute anders an als sonst. „Sag mal, Mia", wollte sie dann wissen, „sag doch mal, was los ist. Wie geht es Dir jetzt" Mama hatte schon öfter einmal nachgefragt.
Eine Antwort hatte sie nie bekommen. Nicht einmal Manfred, der seit einiger Zeit so etwas wie ihr neuer Vater war, hatte sie erzählt was los war. Mia beschloss es nun aber doch auszusprechen.

Das Unaussprechliche. „Mama", sagte sie. „Ich weiß, ich bin nun wieder gesund geworden. Aber...", sie machte eine kurze Pause. Ihre Mutter sah sie an und sagte nichts. Sie wusste, was mit diesem „aber" gemeint war. Was, wenn sie es nicht geschafft hätte?

„Weißt du", flüsterte Mia. „Egal wie viele Freunde ich habe und ob ich geliebt werde, von Dir und von Manfred, vielleicht sogar von Papa und Laura – doch am Ende, am Ende sterbe ich allein. Am Ende stirbt doch jeder allein." Als sie das sagte fühlte sie eine Trauer in sich groß werden die sie zu ersticken drohte. Mama nahm sie in den Arm.

„Du irrst Dich, Mia", sagte Mama leise.

„Du irrst dich sehr. „ Wir wären mitgestorben." Ihr Gesichtsausdruck passte zu dem, was sie da eben gesagt hatte.

„Ein Teil von uns wäre mitgestorben. Du siehst – wenn man geliebt wird, dann stirbt man niemals allein – und man lebt auch nicht allein." Mama weinte und lachte zur gleichen Zeit. Wahrscheinlich hatte sie o was wie einen Nervenzusammenbruch. Wer kannte sich da schon aus. Manfred trat neben und umarmte sie. Er hielt sie fest, alle beide. Manfreds Augen sahen anders aus als die Augen der meisten Menschen, die sie kannte. Seine Frau war vor vier Jahren gestorben.

Mama hatte wohl Recht wenn sie sagte, dass man irgendwie mitstirbt wenn jemand geht, den man liebte. In Manfreds Augen war das zu erkennen. Ja, dachte Mia. Man lebt wohl doch nicht ganz allein und man stirbt nicht ganz

allein wenn man geliebt wird. Auch wenn man die, die einen lieben in dem Augenblick des Todes vielleicht nicht sehen kann – nicht die aus dem Diesseits und nicht die, die einen von der anderen Seite abholen werden. Auf eine Art tröstete es sie zu wissen, dass sie niemals würde allein sterben müssen solange es nur jemanden gab der sie liebte.

Andererseits machte sie das auch ein wenig traurig.

Sie wollte zwar nicht vergessen sein, doch andererseits wollte sie auch nicht, dass wegen ihr jemand traurig sein sollte, oder gar sogar ein wenig mitsterben würde. Doch dann dachte sie sich, dass das eben so war, und dass es dazugehörte. Manfred sah sie an. Sie erinnerte sich an ein Lied, das sie einmal im Radio gehört hatte, während Manfred dabei war.

In dem Lied wünschte der Sänger etwas, was unmöglich war, wenn man auf Manfred hörte. Der Sänger hatte gesungen, dass er einem eine Liebe ohne Leiden wünschte. Das klang eigentlich ganz gut, um ehrlich zu sein.

„Das", hatte Manfred aber gesagt, „schließt sich allerdings gegenseitig aus. Das Eine gehört zum anderen. Untrennbar, so wie Tod und Leben selbst." So ganz hatte sie das damals nicht verstanden, doch jetzt schon.

Manfred sah nun zu ihr hin, so als erinnere er sich genau in diesem Moment ebenfalls an dieses Lied. Dann nickte er und sagte: „Ja, Mia, so ist es. Im Leben ist der Tod und im Tod das Leben. Es ist schwer zu verstehen und zugleich ganz leicht. Weißt Du, es gehört einfach untrennbar zusammen, ebenso wie alle, die sich lieben untrennbar zusammengehören. Nichts geht verloren – und niemand. Nicht einmal für eine Sekunde"

„Nicht einmal für eine Sekunde?" fragte sie nach? „Nicht einmal für eine einzige Sekunde", wiederholte Manfred den letzten Teil seines Satzes und sah sie an. Er sah entschlossen aus, ebenso wie Mama. Sie dachte an das Land der Eiskönigin und an den schönen Garten, der sich dahinter befand. Und da wusste Mia plötzlich ganz genau, dass es so sein musste.

„Wo ist denn überhaupt eigentlich Lukas", wollte sie schließlich wissen.

„Ich muss ihm unbedingt etwas erzählen!" Das tat sie dann auch, obwohl es in diesen Tagen schwer war, Mia auch nur für eine Weile ganz für sich zu haben.

Ein paar Tage später erwischte Lukas Mia dann endlich ganz allein. Das nutzte er um ihr von seinem Wald zu erzählen. „Er ist überhaupt gar nicht weit weg von hier", beteuerte er. „Da komm´ ich auf jeden Fall mit", versprach Mia mit deutlich entschlossenem Gesicht. „Weißt Du, Lukas", sagte sie dann: „Ich glaube, dass du viel stärker bist als du denkst." Sie deutete mit ihrem Daumen auf die Innenfläche ihrer Hand. „Du weißt schon!". „Wie kommst du jetzt darauf?", wollte Lukas wissen. „Nur so eben", gab Mia zurück. „Weil ich an das JETZT gedacht habe." „Das JETZT?" „Ja". „Das JETZT und das JETZT und das JETZT. Nur das zählt. Ich denke an das JETZT und dann atme ich ganz tief. Ich glaube, das macht mich stärker. Und dich auch."
Sie sah nachdenklich aus, doch auch irgendwie zufrieden und sagte, dass sie sich auf den Wald freuen würde. Schließlich, nach einer Weile, schlief sie wieder ein. Lukas erinnerte sich an dieses Versprechen.

Er wusste noch genau wann sie es versprochen hatte. Es war am Abend vor dem Nikolaus-Tag gewesen. Er hatte sich gefragt, ob es auch Nikolaus-Stiefel im Krankenhaus geben würde und Mia war sich sicher gewesen, dass es einen geben würde. Mit diesem Gedanken und er eingeschlafen. Am kommenden Morgen dann wusste er es: Ja, einen Nikolaus gab es tatsächlich auch im Krankenhaus. Zumindest Nikolaus-Stiefel. Über den Rest konnte man ja geteilter Meinung sein. Mia hatte Recht behalten. Zwar schmeckten ihm die vielen in allen Farben verpackten Süßigkeiten momentan nicht so gut wegen all der Medikamente, die er jetzt nehmen musste, aber trotzdem.

Dadurch nämlich wirkte das Krankenhaus gar nicht mehr so fremd. Obwohl – das tat es eigentlich sowieso nicht mehr seit er Mia kannte. Insgesamt war es nicht so schlimm wie er es zunächst befürchtet hatte, auch wenn er, das musste er zugeben, manchmal die Nase ziemlich voll hatte von den Pinguinen, von den Medikamenten und davon, dass er seinen Wald nicht sehen konnte. Den Wald, er vermisste ihn mehr als er sagen konnte.

Kurz vor Weihnachten begann es dann heftig und ununterbrochen zu schneien. Mia ging es bereits wieder viel besser. Man sah es ihr deutlich an. Da kam ihm die Idee, dass Mia und ihre Eltern den 24. Dezember bei ihm und Mama und Oma verbringen könnten.

Wenn dort alles so weiß war, durch den vielen Schnee, und Mia dort dann alle seine Tiere kennenlernen könnte, dann würde es doch fast so sein, als wäre sie in dem Land aus ihrer Erzählung.

Mia fand die Idee natürlich sofort absolut genial. Die Erwachsenen erstaunlicherweise auch. Sie sagten sofort zu, damit hatte Lukas gar nicht gerechnet. Am späten Nachmittag des 24. Dezember kamen sie, Mias Mutter und ihr Freund Manfred, der für Mia wie ein Vater war, mit Mia und ihrem Großvater Gustav.

Der war extra angereist, um mit Mia und ihren Eltern zu feiern.

Dieser Großvater war ganz lang und dünn und er trug riesige Schuhe.

Seine Augen lachten immer, selbst wenn er nur etwas erzählte ohne dabei zu lachen. Seine Nase war von der Kälte ganz rot und Mia schaukelte auf seinen langen Beinen herum. Gustav hatte eine ganze Herde mit Schafen daheim, dort, wo er herkam, aus dem Norden. Von denen erzählte er. Und auch wenn man denken könnte, dass ausführliche Geschichten über Schafe prinzipiell ziemlich langweilig und eher einschläfernd seien – das, was Gustav über seine Schafe erzählte war das Gegenteil. Man mochte gar nicht mehr damit aufhören ihm zuzuhören, und Gustav mochte nicht mehr damit aufhören zu erzählen. Es war ein ganz besonderer Abend. Diesmal stellte Oma keine Fragen. Sie traute sich wohl nicht, denn dieser Gustav hatte es Oma offenbar angetan. Also hörte sie nur zu, wie alle anderen auch. Ihr Gesicht wurde ganz auffällig verlegen, wenn sie ihn ansah, was irgendwie lustig war, da sie dabei grinste wie ein runder Pfannkuchen.

Mia sah überglücklich aus, sie kicherte über die Oma und Lukas hatte schlagartig seinen Appetit wieder, nachdem er nun endlich wieder daheim war. In seinem Haus und bei all seinen Tieren. In dieser Nacht des 24. Dezember saßen nun also fünf geradezu übertrieben warm eingepackte Erwachsene, zwei Kinder und ein Igel auf der Veranda vor dem Haus und sahen der fasziniert der wunderschönen, geheimnisvollen Eule Gerda zu, die ihre Runden sanft über der leicht glitzernden Oberfläche des weichen Schnees flog. Die Nacht war hell. Zwar standen Schneewolken am Himmel, doch ein heller Mond erleuchtete den Wald dennoch.

Das war so schön, dass niemand sprach. Doch Mama drückte Lukas´ Hand ein wenig, und Stachel sah mit seinen Knopfaugen neugierig zu Mia hinüber.
Stachel war ein wahrlich besonderer Igel. Nicht einmal jetzt dachte er daran, einen Winterschlaf oder auch nur eine kleine Winterruhe zu halten. Offenbar wollte er nichts verpassen. Das passte zu so einem bockigen Sturkopf wie Stachel einer war. Lukas konnte sich nicht erinnern wann er jemals ein schöneres Weih-nachten gefeiert hatte. Vor allem nicht, nachdem es die langen Feiertage ohne Papa und Katha gewesen waren. An die konnte er nur mit unbeschreiblichem Entsetzen denken.
Doch jetzt, dieser Moment war so perfekt und schön, dass er beschloss Mia seine Feder zu schenken. Allerdings – diese Feder, da sie von einem Raben stammte, war schwarz.
Weich, seidig und glänzend zwar – aber schwarz.

Er überlegte noch hin- und her, während Gerda ihren Flug beendete, und Stachel sich in die Höhle aus Decken verkroch, die Mama ihm für den Winter gebaut hatte. Nun begann es wieder zu schneien.

Den Erwachsenen wurde es nun doch zu kalt, und sie gingen hinein. Das war für sein Vorhaben praktisch. Gustav hielt Oma die Tür auf und warf ihr dabei einen ziemlich interessierten Blick zu. Es war nicht ganz klar, ob er sich wirklich für Oma interessierte, oder ob es ihm ihre Strickjacke aus echter Schafswolle angetan hatte. Egal was der Grund war: Oma war außer sich vor Aufregung.

Ihre Backen waren von der Kälte ohnehin schon rosig, doch jetzt wurden sie mit einem Schlag so richtig rot. Dass das bei alten, oder glücklich in die Jahre gekommenen Menschen auch noch funktionierte, fand Lukas beachtlich. Wahrscheinlich fanden sie sich gegenseitig gerade viel interessanter als den Rest der Welt. Das war von Vorteil für ihn. So konnte er Mia das mit der Feder ungestört sagen. Lukas erzählte Mia, dass er ihr jetzt am liebsten die Feder eines weißen Polarraben schenken würde, wenn es so etwas wie Polarraben geben würde. Davon allerdings, hatte er noch nie etwas gehört. Andererseits musste das ja nun nicht unbedingt etwas heißen. „Aber", so setzte er nach kurzem Überlegen hinzu, „ich hab nur diese hier". Dabei zog er die schwarzglänzende Feder aus der Tasche, die ihm, da war er sich sicher, das Glück der Freundschaft gebracht hatte. Mia, deren Haar vom Schnee überzogen war, nahm sie ihm lachend aus der Hand und hielt sie über sich in die Luft. „Pass mal gut auf", sagte sie nur und man sah ihr an, dass sie einen Plan hatte.
Es schneite noch immer stark, und Lukas bewunderte die unnachahmliche Anmut der Schneeflocken, die der ursprünglich schwarzen Rabenfeder nur in Sekunden-schnelle ein ganz einmaliges, ein märchenhaftes und

gänzlich pudrig-weißes, polarartiges Aussehen verlieh. Lukas hätte sich nicht gewundert in diesem Moment einen oder gar mehrere Polarraben am Himmel über sich und Mia zu entdecken. Beinahe konnte er sie sogar zu hören. Dieser Schnee, diese großen, weichen Flocken – sie verstanden es tatsächlich die Welt zu verzaubern. Polarraben, ja, die sollte es geben. Mia fand das auch. „Aber weißt Du, Lukas", sagte sie. „Eigentlich gibt es die auch, wir wissen es nur noch nicht." Sie lachte, wie so oft. Ein Lachen, wie es nur Mia vermochte. Da fiel Lukas ein was Katha ihm einmal gesagt hatte, nämlich dass keine Feder der anderen gleicht und auch keine Schneeflocke. Jede gab es nur einmal in dieser Form.

Und in dieser Nacht, plötzlich, während Mia da noch mit ihrer Feder stand, wusste Lukas auch warum. So klein sie auch war, und so kurz ihr Leben als einzige Schneeflocke war: Es gab sie nur ein einziges Mal, und mit diesem Etwas, das nur ihr innewohnte, erfüllte sie dennoch die Welt. „JETZT", dachte er in diesem beinahe magischen Moment. „JETZT". Für einen kurzen Augenblick oder für einen langen. Er flüsterte Mia seine Antwort ins Ohr, obwohl außer Stachel sonst niemand mehr in Hörweite war. Nur zur Sicherheit. Mia nickte und Lukas wusste, dass sie es verstanden hatte. Aber das war ja ohnehin klar. Wer Mia kannte, der wusste, dass sie alles, einfach alles verstand. Das machte Mia aus. So war sie einfach. Und so, und nicht anders, wünschte er sie sich. Den Rest des Abends, und noch lange danach, genossen sie ihr Geheimnis und die Tatsache, dass vielleicht sie nun etwas wussten, von dem die anderen nur träumen konnten. Obwohl es mindestens zwei Erwachsene gab von denen sie glaubten, dass sie im Laufe ihrer langen Leben vermutlich auch davon gehört haben könnten. Das waren Gustav, Mias Opa, und Oma Paula. Doch selbst wenn sie es wussten: Anmerken ließen sie sich nichts. Vielleicht auch deshalb, weil sie sich gar nicht mehr aus den Augen ließen an diesem Abend, und für andere Gedanken wohl kein Platz war.

„Irgendwie wäre es doch wirklich toll", sagte Lukas zu Mia, „wenn wir auch mal so alt wären wie die beiden, und wenn wir uns dann immer noch kennen würden." Sie sahen zu Gustav und Paula hin, deren Haare so weiß waren wie alles im Land der Schneekönigin, und Mia schüttelte vorsichtig, fast unmerklich den Kopf, so als würde sie nicht daran glauben. Dabei hatten die Ärzte sie doch für gesund erklärt. Meistens hatte Mia zwar Recht. Doch in diesem Fall, sehr viel mehr möchte ich nicht verraten, irrte sie sich. Noch viele, viele Jahre später sollte sie mit Lukas eben hier, auf dieser Veranda sitzen.
Doch da niemand von ihnen in die Zukunft sehen konnte, wusste das an diesem Abend noch keiner. Es war so gemütlich, mit all den Leuten im Haus und mit den Tieren um das Haus herum. Wenn es nach Lukas gegangen wäre, hätte es ganz genau so für immer so bleiben können. Doch natürlich war das nicht möglich. Als Mia ging, fühlte sich Lukas mit einem Mal richtig traurig.
Mia tröstete ihn, zumindest versuchte sie es. „Mensch, Lukas, sei nicht traurig, ich komm´ doch bald wieder", versprach sie ihm. „Wenn der Schnee vollkommen geschmolzen ist, schau ich mir deinen Wald nochmal genauer an. Und vorher schicke ich dir noch eine Geschichte, die hab ich mir selbst ausgedacht. Sie handelt

auch im Wald und es kommen Trolle darin vor, und ein Einhorn."

Lukas dachte sich, dass das nun immerhin ziemlich gut klang, vor allem der erste Teil ihrer Ankündigung, da Geschichten mit Einhörnern und Trollen normalerweise nicht so ganz sein Fall waren. Bei Mia würde er aber eine Ausnahme machen. Trotzdem gefiel es ihm überhaupt nicht, dass Mia wieder fortgehen würde. Das war ihm wohl deutlich anzusehen, obwohl er nun schon 11 war, und sich eigentlich nach außen stärker zeigen wollte. Doch andererseits war Mia nicht „nach außen".
Sie war „nach innen", und das was sie sagte, darauf konnte man sich verlassen. „Ich komme wirklich bald wieder, Lukas. Ganz bestimmt!", betonte sie noch einmal.

Und wie immer hielt sie ihre Versprechen.

----------------------------NOTIZEN--------------------------------
----

Thema: Proaktives Coping, Selbstwirksamkeit

--------------------------LÖSUNGSWEGE--------------------------

----

Abschied Tod Vertrauen Trauer
Zwang Achtsamkeit Ausgrenzung
Perspektivenwechsel Sinn Allein-Sein
Stille Leere Depressionen Angst
Unwohlsein Anspannung Identität
Reframing Wut Verlassen-Werden
Ohnmacht Unbehagen Personaler
Werte als Ressource Kontrollverlust
Neuanfänge Hoffnung Trotz Coping
Verlust Ablehnung Ausgrenzungen
Abschied Tod Vertrauen Trauer
Zwang Achtsamkeit Ausgrenzung
Unwohlsein Anspannung Identität
Perspektivenwechsel Sinn Allein-Sein
Stille Leere Depressionen Angst
Unwohlsein Anspannung Identität
Neuanfänge Hoffnung Trotz Coping
Verlust Werte Ausgrenzungen, Wut
Neuanfänge Coping Hoffnung Trotz

Thema: Angst / Vertrauen / Selbstwirksamkeit
Lukas´ Angst

Agathe war eine alte Frau, die in der Nähe des Hauses wohnte in dem Lukas mit seiner Mutter lebte. Viele Menschen hatte sie schon getröstet, ihnen einen Rat gegeben oder auch sonst weitergeholfen.

Auch Lukas, der, seitdem seine Mutter einmal viele Stunden zu spät nachhause gekommen war, von der Angst besessen war sie könnte sterben, fand seinen Weg zu Agathe. "Das war bei mir auch so, als ich so ungefähr in deinem Alter war", sagte Agathe. Meine Mutter hatte ein schwaches Herz, und oft bekam sie wenig Luft. Ihre Lippen sahen blau aus, und sie war weiß wie ein Nachthemd. „Zu meiner Zeit waren Nachthemden immer weiß", setzte sie hinzu. "Ich hatte deswegen auch keine Geschwister, denn der Arzt hatte meiner Mutter verboten überhaupt Kinder jemals zu bekommen. Er hatte ihr prophezeit, dass sie spätestens bei der Geburt sterben würde. „Ich war auch nicht geplant", Agathe zögerte, dann lachte sie ein wenig und meinte schließlich: „Aber offenbar sollte es so sein, dass ich komme." Lukas dachte vor sich hin, dass er darüber auch ziemlich froh war, denn auf Agathe konnte keines der Kinder im Umkreis verzichten. Zu wem außer Agathe konnte man wirklich gehen. wenn man etwas auf dem Herzen hatte? Gut, Mama war schon für ihn da, keine Frage. Doch bei solchen Themen, wo es ja auch immerhin um sie ging, wollte er lieber mit Agathe sprechen. Niemand konnte so zuhören wie sie, abgesehen von Mia, und ihre Antworten halfen ihm meistens. Gut, bei Mia taten sie das auch, doch ab und zu, das spürte er, kannte keiner die Antworten auf solche Fragen besser als eben Agathe.

„Wenn es meiner Mutter so schlecht ging", fuhr Agathe fort, „dann habe ich mir oft überlegt was ich im Falle ihres Todes machen sollte. Lukas wusste genau was sie meinte. „Natürlich wusste ich damals nicht, dass meine Sorgen umsonst waren, denn sie wurde nicht weniger als 73 Jahre alt, was, zur damaligen Zeit und in Anbetracht ihrer Erkrankung, tatsächlich ein hohes Alter war. Doch selbst da, und damit hatte ich als Kind nicht gerechnet, fehlte sie mir sehr. Als Kind denkt man manchmal, dass Erwachsene automatisch klarkommen, und dass es eine Leichtigkeit sei, seine Mutter zu verlieren wenn man selbst schon alt ist. Jedenfalls hatte ich mir das als Mädchen so vorgestellt. Als Kind jedoch konnte ich noch nicht einmal diesen Gedanken zu Ende führen, zu undenkbar war er damals für mich. Dabei hätte ich als Kind viel eher jemanden gehabt, der sich um mich gekümmert hätte: Meinen Vater, meine Tanten und meine Großmutter."
Sie goss sich Wasser in ein Glas und sprach weiter. „Als ich erwachsen war, war das nicht mehr der Fall. Ich fühlte mich zuerst sehr allein". Sie dachte kurz nach, so als wäre sie nicht sicher, ob sie weitersprechen sollte oder nicht. „Es hat sich dann etwas geändert", brachte sie schließlich hervor. „Wie denn, was denn?", wollte Lukas wissen. „Na ja, es ist schwer zu erklären". Sie sprach nun sehr leise, „aber plötzlich merkte ich, dass meine Mutter ständig bei mir war und mich begleitete." „Wie ein Engel?", wollte Lukas wissen. „Schwer zu sagen", antwortete Agathe. „Vielleicht schon auch wie ein Engel, aber das meine ich nicht." Sie stand auf, ging zum Regal und holte ein großes

Kochbuch hervor. „Schau es dir mal an", forderte sie Lukas auf. Das Buch war sehr alt, der Einband etwas fleckig, und in dem Buch standen Rezepte, die von Hand geschrieben waren.

Lukas konnte die alte Handschrift nicht richtig entziffern, aber es waren trotzdem eindeutig Rezepte, das sah er an der typischen Anordnung. „Das ist ein Beispiel", erklärte ihm Agathe. „Ich habe damit begonnen nach ihren Rezepten zu kochen, aber das war längst nicht alles. Immer wieder fiel mir plötzlich auf, dass ich so war wie ich bin, weil es sie gegeben hat.

Sie hat mir gezeigt wie man verletzte Vögel und Igel füttert und wieder aufzieht, dass man freundlich zu den Menschen sein soll, weil keiner von ihnen es am Ende leicht haben wird – all dies. Und jedes Mal, wenn wieder einmal ein Vogel auf meiner Veranda meine Hilfe brauchte, oder mir jemand sagte wie freundlich ich sei, da war meine Mutter plötzlich bei mir, und es ging etwas von ihr aus, so etwas wie ein warmes, wunderbares Licht. Ich habe sie nicht wirklich gesehen", setzte sie erklärend hinzu, „doch ich habe gespürt, dass sie da war. Ich habe es in diesen Augenblicken einfach nur gewusst."

Sie nahm das Buch, klappte es behutsam zu und stellte es wieder ins Regal. „Im Nachhinein denke ich, dass es auch so gewesen wäre, wenn ich sie schon als Kind an die andere Seite verloren hätte, wobei „verloren" – nach allem – nicht das richtige Wort ist."

Lukas nickte. Irgendwie konnte er sich das auch gut vorstellen. „Natürlich wäre es trotzdem ganz furchtbar und schrecklich gewesen", räumte Agathe ein.

Dann schwiegen sie und Lukas gemeinsam für eine Weile bis sie zusammenfasste: „Doch in jedem Schrecken, in jeder Not ist irgendwo eine Rettung, die uns findet. Daran glaube ich ganz fest." Lukas musste daran denken, dass Agathes Tochter früh gestorben war, und dass sie sicher wusste wovon sie sprach.

„Das weißt du ja schon, Lukas", ergänzte sie nun:

„Das Schöne und das Schreckliche sind oft nicht so weit voneinander entfernt. So ist das eben. Also, Lukas: Wenn das Schreckliche dich zu ersticken droht, dann bleibt dir gar nichts anderes übrig als nach dem Schönen zu schauen."

Nun musste er an Ruby, den kleinen Raben, und an Mia denken. Mia, die einmal gesagt hatte, dass man von allem Schlimmen das Gegenteil denken müsse, wenn man Angst habe. Kein Wunder, dass die beiden, Mia und Agathe, sich so gut verstanden. „Ich habe eine Idee, Lukas!" Agathe holte ein großes Stück Papier und Stifte, die sie auf den Tisch legte.

„Warum zeichnest du nicht ein Bild für Deine Mutter? Das kannst du doch so gut." Sie war nicht die Einzige, die so dachte. Erst vor wenigen Wochen hatte Lukas einen Zeichenwettbewerb gewonnen, und im Rathaus waren sogar einige seiner Zeichnungen ausgestellt.

Während er zeichnete, stellte er fest, dass Agathe wieder einmal Recht hatte. Irgendwie half das Zeichnen in diesem Augenblick am besten gegen die Angst seine Mutter zu verlieren. Denn während er ein Bild von Kieran malte, stellte er sich ihr Gesicht vor.

Wie sie sich freuen würde. Dieses Gefühl breitete sich in ihm aus wie die Flügel, die Kieran auf dem Bild in den Himmel spreizte. Und in diesem Augenblick war keine Angst mehr in ihm, sondern nur noch Freude. „Wie gut du Kieran hier getroffen hast!", bemerkte Agathe.

Lukas wiederum dachte, dass Agathe ziemlich auf Zack sein musste, weil sie Kieran sofort erkannt hatte.

Immerhin war er bei weitem nicht der einzige Rabe auf ihrer Veranda.

Als könnte sie seine Gedanken lesen, stellte sie energisch fest: „Aber hör mal, Lukas, ich werde doch wohl Kieran noch erkennen!"

Das verstand er sofort. Denn immerhin gab es weit und breit niemanden, der so genau hinsah wie Agathe.

Thema: Angst / Vertrauen/ Selbstwirksamkeit

-----------------------LÖSUNGSWEGE-----------------------------

-------------------------------NOTIZEN-------------------------------
----

Verfremdung/ Verfremdungen (variierend)

Geschichte umschreiben (Gegentext, Gegeninszenierung)

Wortverdrehungen

Collagen

Montagen

Interpretationen

Briefe an die einzelnen Personen schreiben

Kommentare schreiben

Einen Vergleich zu eigenen Erfahrungen schriftlich

festhalten, parodieren

Perspektivenwechsel

Meta-Ebene beschreiben

Neue Assoziationsketten schaffen

Geschichte zu einem Impuls-Bild schreiben

Sprechen über die jeweiligen Geschichten

-----------------------LÖSUNGSWEGE-----------------------------
----

Abschied Tod Vertrauen Trauer
Zwang Achtsamkeit Ausgrenzung
Perspektivenwechsel Sinn Allein-Sein
Stille Leere Depressionen Angst
Unwohlsein Anspannung Identität
Reframing Wut Verlassen-Werden
Ohnmacht Unbehagen Personaler
Werte als Ressource Kontrollverlust
Neuanfänge Hoffnung Trotz Coping
Verlust Ablehnung Ausgrenzungen
Abschied Tod Vertrauen Trauer
Zwang Achtsamkeit Ausgrenzung
Unwohlsein Anspannung Identität
Perspektivenwechsel Sinn Allein-Sein
Stille Leere Depressionen Angst
Unwohlsein Anspannung Identität
Neuanfänge Hoffnung Trotz Coping
Verlust Werte Ausgrenzungen, Wut
Neuanfänge Coping Hoffnung Trotz

THEMEN: Mutige Wege
Mias Hilfe

Lukas musste noch immer oft weinen, das kam immer ganz plötzlich und ohne Vorwarnung, an seinen Vater und an seine ältere Schwester Katha denken, die bei einem Unfall gestorben waren, und deren Grab er - vom Tag der Beisetzung abgesehen - nie wieder besucht hatte. Der Mut dazu hatte ihm seither gefehlt. Niemand hatte ihn, egal wie, dazu bringen können vor diesem Grab zu stehen.

Noch immer versuchte er sich vorzustellen, was damals geschehen war. Noch immer versuchte er das alles zu begreifen, doch noch immer gelang es ihm nicht. Katha hatte ihm oft Blumen auf der Wiese gezeigt und Papa hatte ihn auf den Schultern getragen oder ihm die Namen der Sterne am Himmel verraten. Lukas erinnerte sich an ihre braunen Haare und an ihr Lachen.

Er wusste noch, dass er sich sicher gefühlt hatte, wenn sie da war, oder Papa. Am schönsten war es gewesen, wenn Mama, Papa, Katha und er alle zusammen auf der Veranda saßen oder wenn er und Katha Blumen, Blätter und Käfer suchten. Katha war immer unermüdlich dabei gewesen, vor allem wenn es um Blumen gegangen war. Manchmal hatte sie Blüten gesammelt und getrocknet.

Zumeist aber hatte sie Lukas einfach nur die Namen der Blumen gesagt, die sie sich selbst für sie ausgedacht hatte. Noch nie waren Lukas schönere und passendere Blumennamen begegnet als jene, die sich Katha für all die Blumen ausgedacht hatte.

Seitdem sie weg waren, Katha und Papa, hatte sich Lukas nie wieder so richtig sicher und geschützt gefühlt.
Wie ein Schmetterling hatte sie sich davongestohlen und niemals mehr wieder würde er sie finden.

Auch Papa nicht. Zumindest war das zu befürchten und ihr Grab würde nichts anderes tun als genau dies zu untermauern und unumkehrbar zu besiegeln.
In der erstickten Zeit nach Ihrem Weggehen bestand für eine Weile alles nur noch aus Schatten. Alles. Sogar sein geliebter Wald war zu einem Schatten geworden. Zu einem Schattenwald. Und manchmal schien es keinen Weg mehr herauszugeben aus dem Schatten, in dem es kalt war und grau. Er wusste, dass hinter jedem Schatten etwas stand, das entdeckt werden wollte, etwas, das voller Leben war. Aber in der Zeit nach Kathas und Papas Tod gelang ihm das einfach nicht. Aber in der Zeit nach Kathas und Papas Tod gelang ihm das einfach nicht
Leer war die Welt. Grau und kalt. Niemand konnte ihn erreichen und ihm selbst ging es dabei nicht anders.

Was weiß denn schon ein Mensch wirklich vom Schmerz eines anderen? Lediglich die Tiere, Lukas wusste nicht, warum das so war, schienen all seinen Schmerz zu spüren. Sie umringten ihn in dieser Zeit noch mehr als sonst und Lukas fühlte sich allein schon durch ihre Gegenwart ein ganz klein wenig besser.
So sehr Lukas sich auch bemüht hatte um über all dies hinwegzukommen, und das hatte er wirklich, hatte sich aber ansonsten nicht viel getan. Doch vielleicht war das ohnehin nicht möglich. Wer mochte so etwas denn schon ernsthaft erwarten. Eine lange Zeit war vergangen bis sich

das dann doch, so ganz nach und nach, wieder verwandelte, änderte.

Und immer wieder gab es diese Momente, in denen plötzlich gar nichts mehr gut zu sein schien, und in denen die Trauer so heftig aufbrach, dass es Lukas ängstigte.

Nichts ergab in diesen furchtbaren Augen-blicken noch Sinn, alles fiel auseinander, zerfiel zu Bruchstücken, welche gar nichts mehr miteinander zu tun hatten, oder nichts mehr miteinander zu tun haben wollten.

Mama ging es genauso, und Oma auch. Das sah er ihnen an. Oma kam manchmal vorbei und kochte Unmengen von Kakao.

So versuchte sie wohl, alles ein wenig erträglicher zu machen. Manchmal saß sie auch einfach nur so mit ihm da, dort draußen auf der Veranda, während Mama im Haus bei der Katze blieb.

Da fand sie es wohl sicherer. Und auch das konnte Lukas gut verstehen.

Das Leben kam ihm manchmal auch sehr gefährlich vor. Gefährlich und geradezu unerträglich leer.

In solchen Momenten wollte er am liebsten ganz alleine und für sich sein. Mit jemandem zu reden war dann nur noch eine Last. Auch jetzt, in diesem Moment, in dem er von den Gedanken an das, was geschehen war, überwältigt wurde, wollte er einfach nur ganz für sich und allein sein. Lukas lief auf direktem Weg zurück nach Hause, quer durch den Wald.

Er stolperte an zwei Stellen, da er Tränen in den Augen hatte und einen Tannenzweig, der ziemlich tief an einem Baum, der da stolz wie ein Weihnachtsbaum stand, abhing, riss er mit sich.

Das konnte passieren, wenn er an Papa oder an Katha dachte.

Sie fehlten ihm so sehr, dass es unmöglich war, das in Worten auszudrücken.

Wie eine abscheuliche Unwirklichkeit erschien es ihm an manchen Tagen. Warum musste seine Familie so zerstört werden? Warum musste Katha sterben, die doch noch ein Kind war, so wie er selbst. Und Papa. Papa, der immer so nett gewesen war, und zu dem er hatte flüchten können, wann immer er wollte. Wie konnte es nur sein, dass sie nun nicht mehr da waren.

Ob er ihnen auch so fehlen würde, oder Mama – dort, wo sie jetzt waren?

Lukas konnte sich kein Bild davon machen, wo das denn sein könnte.

Und er hatte Angst davor eines Tages alles über die beiden vergessen zu haben.

Wie sie ausgesehen hatten und wie Katha gelacht hatte.

Doch heute war etwas anders als sonst, und das hatte mit Mia zu tun. Mit dem, was Mia ihm erzählt hatte, aber auch mit der Freundschaft von Mia, die ihn stärkte.

Seit langer Zeit hatte er sich nicht mehr so unerschrocken gefühlt wie heute. Es war mit einem Mal so, als gäbe es nichts, das ihm etwas hätte anhaben können.

Vielmehr erschien es ihm so, als stünde das, was er jetzt im Begriff war zu tun, unter einem guten Vorzeichen.

Erklären konnte er sich das nicht, aber auf einmal schlug er den Weg zum Friedhof ein. Mit dem Rad war es gar nicht einmal so weit.

Das Grab hätte er selbst mit geschlossenen Augen gefunden. Es befand sich hinter dem ersten Gang des Haupteinganges, direkt unter einer Kiefer.

Doch kam es gar nicht in Frage heute, an diesem Tag die Augen zu schließen.

Ruhig war es an diesem Nachmittag, an dem Lukas nun an diesem so friedlichen Ort stand. Ihre Namen standen auf dem Grabstein, und doch wusste er plötzlich, dass dieser Grabstein auch nur ein Schatten war.

Ein Denkmal war es. Nichts weiter. Schön geschmückt war es, und eine Kerze brannte.

Seine Mutter war wohl wieder einmal dagewesen. Ob sie auch wusste, was ihm nun klar wurde?

Weder Papa noch Katha waren hier. Es war nur ein Ort, an dem an sie erinnert werden sollte. Nichts weiter als ein Schatten dessen, was Papa und Katha waren.

Plötzlich wusste er, dass er sie wirklich gehört hatte, vor einiger Zeit im Wald. Sie waren dort gewesen, bei ihm. Alle beide. Sie waren niemals weit weg.

Zwar waren sie nicht mehr sichtbar, da sie aus dem Schatten getreten waren und niemand, der noch im Schatten stand, sie daher sehen konnte.

Doch inmitten seines Waldes, in den er am späten Nachmittag zurückkehrte, bekam er eine Idee, den Hauch einer Ahnung dessen, was jenseits des Schattens auf ihn wartete – und wer.

Irgendwann einmal. Wenn der Wald sein Aussehen viele Male geändert haben würde, und wenn er durch all seine Wandlungen durchsichtbarer geworden wäre, lichtvoller.

Wenn Sonne und Mond alles in ihm bereits so oft gesehen haben würden, dass nicht nur sie, sondern auch er, für eine große Reise bereit sein würde.

Zu einer Reise, an deren Ende er seinem Vater und Katha, überhaupt allen, die er liebte, wiederbegegnen würde. Später einmal.

Und bis dahin würde er dem Rauschen des Windes in den Bäumen zuhören, des Windes, der ihn immer so an Mia erinnerte, ebenso wie dem knirschenden Gemurmel des Schnees, wenn man im Winter durch ihn hindurchwandert.

Er würde das Schlafen der Bäche beobachten – genauso wie ihr Erwachen im Frühjahr.

Im Sommer würde er sich unter den schönsten Baum im Wald legen, und im Herbst in den Laubhaufen, die durch die abgefallenen Blätter ein Versteck für Igel und andere Tiere bieten, nach Stachel schauen.

In den Nächten würde er nach Gerda, der Eule sehen, an den Tagen nach Kieran, nach seiner Katze und nach Kai.

Außerdem gab es ja auch noch seine Mutter, und Oma, die auch dann noch lachen konnte, wenn es sonst niemand mehr schaffte, und die einen dann auch sogar damit anstecken konnte.

Mia nicht zu vergessen. Vor allem sie nicht!
Überhaupt gab es so einiges, was er machen könnte bis
es soweit wäre, bis er irgendwann Katha und seinen Vater
wieder sehen würde.

Mit diesem Wissen fuhr er durch den Wald zurück
nachhause.

In dieser Nacht schlief Lukas besonders gut. Vielleicht
hing das damit zusammen, dass er sehr stolz auf sich
selbst war.
Etwas, das er so lange vermieden hatte zu tun, war ihm
heute gelungen. Er hatte das Grab besucht.

Niemals hätte er auch im Entferntesten daran gedacht,
dass er dazu jemals in der Lage sein würde.

So viel war geschehen seitdem Stachel, Kai und Mia in
sein Leben getreten waren.

So viel vor dem er Angst gehabt hatte war von ihm
abgefallen wie eine schwere Last.

Das Leben fühlte sich um ein Vielfaches leichter an, und
das spiegelte sich in den Flügen der Eule Gerda, die wie
immer ihre nächtlichen Runden zog.

Tatsächlich schien sich das in jenem Moment alles in dem
Flug der Eule widerzuspiegeln.

Denn beinahe, obwohl Lukas wusste, dass das nicht
wirklich sein konnte, erschien es ihm so, als würde auch
etwas in ihm fliegen. Etwas, von dem er gedacht hätte,
dass dies nie wieder sein könnte.

Thema: Mutige Wege

-----------------------LÖSUNGSWEGE-----------------------------

----------------------------NOTIZEN----------------------------------

----

THEMEN: Verlust / Ohnmacht
Mia und Fuchs

Eines Tages spielte Mia, Lukas´ Freundin. wie so oft, direkt am Waldrand.

Plötzlich hatte sie ein leises und dennoch zugleich deutliches Maunzen und Wimmern im Moos gehört. Es klang genau wie ein Kätzchen. Vorsichtig, ganz langsam und behutsam hatte sich Mia schließlich dicht herangeschlichen.

Tatsächlich. Ein winziges rötliches Fellbündel lag dort und zitterte heftig. Schnell hob Mia das Kätzchen auf und wickelte es in ihre Jacke.
Sofort hörte es auf zu wimmern. Ihre Mutter schlug Mia vor erst einmal Zettel im Dorf auf-zuhängen, um zu schauen, ob jemand dort ein Kätzchen vermisste.
Nach über vier Wochen hatte sich jedoch noch immer niemand gemeldet, und Mia durfte das Kätzchen tatsächlich behalten. Sie nannte es „Fuchs", weil es so rot war wie ein Fuchs und auch, weil es einen so buschigen Schwanz mit einer langen, weißen Schwanzspitze, sowie einen sehr kräftigen Kiefer hatte.
Außerdem war es auch mindestens so klug wie ein Fuchs. Es konnte nämlich gleich mehrere Tiere nachmachen. Sein beachtliches Maunzen klang wie das Krächzen einer erfahrenen Krähe, es hoppelte wie ein Hase und manchmal, wenn es richtig gute Laune hatte, gurrte es wie eine Taube. Selbst wenn es sein kleines Mäulchen nicht offen hatte, sah man seitlich kleine spitze und besonders helle Eckzähne hervorblitzen.

Auch das machte Fuchs zu einer echten Rarität. Bald war Fuchs im ganzen Dorf bekannt und berühmt. Mia war sich sicher, dass der frühere Besitzer von Fuchs sich mittlerweile ziemlich darüber ärgern würde, weil Fuchs nun nicht mehr bei ihm wohnte.

Jetzt, wo er so beliebt, prominent, bekannt und begehrt war. Aber wer auch immer es gewesen sein mochte: Er hatte Fuchs nicht verdient! „Das findest du doch auch, Fuchs, oder?", fragte sie das Kätzchen.

Fuchs grunzte nur wie ein Ferkelchen und rollte sich glücklich zusammen. Und Mia war einfach nur froh, dass sie so ein tolles Kätzchen wie Fuchs hatte.

So richtig bekannt wurde Fuchs schließlich durch die Freundschaft mit einem Raben.

Fuchs hatte ihn sozusagen adoptiert. Er folgte ihm auf Schritt und Tritt. Das fiel den Menschen auf. Sie lachten darüber, aber nicht nur das. Irgendwie beeindruckte es sie auch. Ein Reporter hatte sogar ein beeindruckendes Bild von den beiden gemacht, und Mias Mutter hatte den Artikel, für alle sichtbar, stolz an den Kühlschrank gepinnt.

„Ungleiche Freunde" stand da in riesigen Buchstaben, und das Bild darunter sah toll aus. Fuchs und der Rabe liefen dicht und zufrieden nebeneinander her, so als wäre das die allernatürlichste Sache überhaupt. Ein Junge, Lukas, der oft Futter zu den Raben brachte, war dabei gewesen, als sie sich angefreundet hatten. Mia fand ihn ein wenig schüchtern, und es kam ihr so vor, als wäre es viel leichter sich mit einem der Raben anzufreunden als mit ihm. Trotzdem hätte sie es wirklich gern versucht. Immerhin: Mia gab niemals schnell auf.

Doch als sie seine Meinung zu Fuchs hören wollte, der mittlerweile genussvoll mit dem schwarzglänzenden Raben schmuste, und ihm mit der Schnauze stupste, war der Junge auch schon ohne Vorwarnung verschwunden.

Allerdings – es hätte nicht zu Mia gepasst, wenn sie sich darüber geärgert hätte. Ganz im Gegenteil. Irgendwie wusste Mia, dass sie Lukas nicht lange darauf noch einmal treffen würde. Und sie ahnte auch, dass er dann ihr Freund werden würde. Mindestens ebenso gute Freunde würden sie werden wie der Rabe und Fuchs. Mindestens. Soviel stand fest. So leicht es Fuchs auch fiel Freundschaften mit Raben oder mit Mädchen wie Mia zu knüpfen, so war ihm doch anzumerken, dass ihn etwas von den anderen Katzen grundlegend unterschied.
Es gab Tage, an denen sie zu Fuchs keinen Zugang fand. Die prächtige rote Katze, deren besondere Fellfärbung ihr den Namen eines Wildtieres, nämlich: „Fuchs" eingebracht hatte, verkroch sich manchmal ohne jegliche vorherige Warnung oder Anflug einer Ankündigung tagelang irgendwo. Dabei sorgte sie dafür nicht auffindbar zu sein, so dass Mia sie viele Tage lang vergeblich rief und suchte. Mia war sich nicht sicher, ob es daran lag, dass er als kleine Katze ausgesetzt worden war. Vorstellen konnte sie es sich aber schon. Einmal fand sie Fuchs doch. Hinter der alten Ruine hatte sie deutlich etwas Feuerrotes aufblitzen sehen. Es war Fuchs, der dort tief schlief und der Mia, nachdem er aufgewacht war, mit einem solch ablehnenden Ausdruck bedachte, dass sie erschrak. Fuchs wollte allein sein, allein und für sich.
Es war ihm egal, dass es Herbst war. Nebel und Kälte, Regen oder Schnee störten ihn nicht.

Nur die Gesellschaft anderer schien er von Zeit zu Zeit regelrecht zu verabscheuen. Mia, die trotz seiner Ablehnung nicht gleich aufgeben wollte, versuchte Fuchs mit sich nach Hause zu locken, doch ohne Erfolg.

Glücklich wirkte er nicht gerade, eher trotzig, dennoch zugleich aber auch vom Sinn seines Tuns heftig überzeugt. Und so harrte er wild entschlossen aus. Viele Tage und noch viel mehr Nächte verbrachte er gänzlich allein. Sein Katzenbett, das Mia ihm aus Wolldecken und einem Korb gebaut hatte, blieb in dieser Zeit verwaist und leer, was Mia traurig stimmte.

Doch ändern ließ sich das nicht.

Fuchs hatte ebenso seinen eigenen Kopf und abbringen ließ er sich nun einmal von nichts.

Auch Mia, ja, nicht einmal sie, konnte daran etwas ändern. Vielleicht war es Fuchs einfach wesentlich lieber sich nicht allzu sehr auf jemand Anderen einzulassen.

Oder aber die Natur sprach auf eine Weise zu ihm, wie kein anderer dies je vermocht hätte.

Im Gegensatz zu Krakan, dem Raben, der Lukas eine seiner Federn dagelassen hatte, nachdem er sich für eine Weile verabschiedet hatte, hinterließ Fuchs Mia keine Botschaft, als er an einem Tag – ohne Wiederkehr - verschwunden war.

Niemals mehr sah man ihn wieder. Nur ab und an fand sich auf der Türschwelle vor Mias Haus eine Maus. Offenbar das Geschenk einer Katze, die unbedingt unerkannt bleiben wollte.

Lebende Mäuse wären Mia natürlich viel lieber gewesen. Sie gab sich manchmal selbst die Schuld daran, an allen

Dingen. Selbst an denen, die sie gar nicht in der Hand hatte. So eben wie die Sache mit Fuchs. Fuchs, das war nicht zu leugnen, hatte da wohl seine eigenen Regeln aufgestellt. Und mit Mia hatten sie gar nichts zu tun. Doch andererseits war das etwas, das auch nicht immer gerade leicht zu verstehen war.

Somit verstand Mia nicht warum Fuchs einfach nicht mehr zu ihr kommen wollte. Sie konnte nicht begreifen warum er ihr zwar eine Maus brachte aber sich nicht selbst zeigte. In diesen Momenten, in denen ihr das alles besonders verworren zu sein schien, war sie böse auf Fuchs. Böse und auch unsicher.

Dann wiederum sagte sie sich einigermaßen froh, dass sie vermutlich nichts Falsches getan habe, denn sonst wäre sie ja wohl schwerlich in den Genuss eines Geschenkes gekommen. Fuchs hatte ihr immerhin die Maus geschenkt. Etwas, das, wie man ja im Allgemeinen wusste, eine ganz besondere Ehre darstellte. Jemand, der ein solches Geschenk von einer Katze erhielt, konnte sich daher im Grunde nur glücklich schätzen.

Und wenn man schon mal etwas geschenkt bekommt, dann muss man wohl nehmen was man erhält.

Manchmal lag Mia auf der Lauer, um Fuchs auf frischer Tat zu ertappen.
Doch so lange sie auch wach blieb und still auf ihn wartete, ist es ihr nie gelungen ihn auch nur ein einziges Mal noch einmal von Nahem zu sehen.
Jemand wie Fuchs, das war eine Sache der Ehre, ließ sich niemals erwischen. Schlau war er und schnell wie ein

Hase. Somit hatte Mia natürlich keine Chance. So sehr sie sich auch anstrengte um herauszufinden womit sein Verschwinden zusammenhängen konnte: Mia blieb ratlos. Sie konnte sich nicht daran erinnern Fuchs jemals beleidigt oder gekränkt zu haben.

Da war sie sich zunächst ziemlich sicher. Doch mit der Zeit schwand sogar diese Sicherheit. Zurück blieb die quälende Frage, was sie denn falsch gemacht haben könnte.

Schließlich war sie sogar davon überzeugt dass sie etwas falsch gemacht hatte. Eine andere Möglichkeit konnte sie sich plötzlich nicht mehr vorstellen.

In solch traurigen Augenblicken wünschte sie sich einen Freund. Einen Freund, auf den sie sich wirklich verlassen konnte. Sie wusste zu diesem Zeitraum noch nicht, dass es diesen guten Freund, ja sogar Freunde in der Mehrzahl, bereits gab.

Und dass auch noch ganz in ihrer Nähe. Doch so ist das oft.

Die Menschen vor der eigenen Nase sieht man manchmal nicht so gut.

Noch nicht einmal Mia, die sich in vielen Dingen von anderen unterschied, bildete hierbei eine Ausnahme.

Deswegen waren auch Lukas und Kai zunächst niemand, der für Mia wichtig war.

So ist es am Anfang ja oft. Ich meine, woher soll man denn auch wissen wer einmal für einen wichtig sein wird oder nicht?

Im Grunde kann man jede Geschichte erst am Ende begreifen, oder nicht?

Manchmal noch nicht einmal dann. Man sieht vielleicht einen etwas größeren Ausschnitt des Ganzen, doch trotzdem bleibt es nur ein Ausschnitt.

Niemand, der nicht mindestens so hoch fliegen kann wie ein Rabe, kann dagegen etwas unternehmen. Auch nicht Lukas oder Mia, und erst recht nicht Kai.

----------------------------NOTIZEN----------------------------
----

Thema: Verlust/ Ohnmacht

------------------------ LÖSUNGSWEGE--------------------------
----

THEMEN: Verstecke

Lukas und Kai

Kai war zwar mit Abstand der beste in Sport, Mathe aber brachte ihn so richtig zur Verzweiflung. Dabei fand Lukas gar nicht so schlecht was er da zusammenrechnete. Auf eine Art kam es ihm sogar richtig klug vor. Nur eben, dass es nicht zu dem passte was man als Ergebnis erwartet hätte. Andererseits: Bei Kai kam ohnehin meistens etwas vollkommen anderes heraus als man erwarten würde. Manchmal machten sie auf dem Rückweg von der Schule einen Umweg über die Ruine. In der Nähe gab es wohl noch ein Versteck, welches Kai ganz für sich allein brauchte. Nicht einmal Lukas wollte er dort bei sich haben. Einerseits fand Lukas das schade, andererseits konnte er es auch wiederum verstehen. Manchmal war es eben so, dass man etwas für sich ganz allein brauchte. Immerhin hatte Kai ihm dafür den verfallenen, mittlerweile schon fast komplett mit Moos über-wucherten Steinbrunnen gezeigt, und er teilte sogar seit einiger Zeit seine Brote mit ihm. Das klang zwar etwas komisch, doch es gab nichts was Lukas lieber aß als die Brote von Kai. Oftmals verspürte er den ganzen Tag über absolut keinen Hunger und seine Mutter hatte sich schon mehr als einmal darüber beklagt, dass er zu wenig aß. Doch aß er nicht mit Absicht wenig. Häufig saß ihm etwas im Bauch. Etwas, das ihm die Lust auf das Essen verdarb. Es fühlte sich so abgeschnürt an in ihm drin, so als wäre in ihm gar kein Platz mehr für irgendetwas anderes. Doch wenn Kai dann die Brote herausfischte mit dem regelmäßigen stolzen Hinweis darauf, dass er die prima Zusammensetzung des Belages selbst erfunden hätte, dann war das anders. Dann öffnete sich sein Bauch ein wenig, und er saß da mit Kai und aß das Brot, das irgendwie seltsam nach allem auf einmal schmeckte, so als hätte Kai so ziemlich alles, was er gerade daheim im Kühlschrank vorgefunden hatte, zugleich sehr künstlerisch und kreativ zwischen die Brot-Scheiben gepackt. Woran es lag konnte er nicht sagen, doch wenn er in Kais Nähe war fühlte er sich absolut verstanden.

Kai schien es genauso zu gehen. Es war noch nicht einmal nötig, dass sie sprachen. Manchmal aber war Kai wütend. Er trat dann gegen den Steinbrunnen und sah dabei schon ziemlich gefährlich aus, aber Lukas machte das nichts aus Immerhin kannte er das von sich selbst auch. Somit fragte er Kai also noch nicht einmal warum er das tat, oder warum er denn überhaupt so wütend war. Irgendwie konnte er es sich ja ohnehin denken. Die schwierige Sache mit seiner Mutter steckte da sicherlich auch mit dahinter. Die Leute hatten wirklich ziemlich viel über Kais Familie getratscht, nachdem seine depressive Mutter damals einfach nach Holland gegangen war und das ohne ihren Mann und ohne Kai. In dieser Zeit hatte Kai jeden gehasst. Sogar Lukas. Doch zum Glück war das nun schon lange vorbei. Nicht nur gute Dinge konnten enden – auch schlechte, und das erleichterte Lukas. Sie saßen nun auch oft am Katzenfelsen. Lukas sagte in diesen Momenten, in den Kai sprach, nichts. Er hörte einfach zu, und manchmal streichelte er Räuber, den Hund, oder warf einen Zweig, damit Räuber ihn fing.

Am meisten erzählte Kai, wenn sie auf dem Katzenfelsen saßen. Der Katzenfelsen hatte seinen Namen noch aus ganz alter, längst vergangener Zeit. Angeblich hatten einige besonders verwunschene Weidenkätzchen von den zahlreichen Weiden, die in der Nähe des Felsens wuchsen, sich dort während ganz besonderer Vollmond-Nächte in den Frühlings-Monaten in echte, lebendige Katzen verwandelt. Dem Felsen wurden starke magische Kräfte nachgesagt und die nicht unwichtige Fähigkeit Dinge und Lebewesen zu befreien. Sie sprachen auch über ein Mädchen. Ihr Name war Regina. Ich habe hier ihre gesamte Geschichte aufgeschrieben, doch hier möchte ich nur das Nötigste über sie erzählen. Manche sagten über sie, sie würde klauen wie ein Rabe, aber das ärgerte nicht nur Lukas. Immer gab es diese blöden Sprichwörter und in einfach keinem von ihnen kamen Raben gut davon. Dabei waren sie nicht einmal halb so schlimm wie Regina. Sie nahm alles mit, was ihr in die Finger geriet, und man hatte sich schon beinahe daran gewöhnt, dass wirklich immer etwas fehlte, wenn Regina da gewesen war. Doch der Tag mit dem Kaninchen, der war dann sogar für Reginas Verhältnisse eine richtig üble Sache. Es hatte damit angefangen, dass Regina einfach überall herumerzählte sie habe ein ganz besonders hübsches, luxuriöses Kaninchen mit einem dunklen Fell, so glänzend und weich, als sei es aus reiner Seide. Eigentlich wäre das ja nicht einmal so gänzlich außergewöhnlich gewesen. Viele der Kinder hatten Haustiere: Hamster, Hasen, Käfer oder Meerschweinchen, Frösche, Hunde, Frettchen, Fische, Kaulquappen, Beos, Papageien, weiße, schwarze, graue, rötliche oder gefleckte Ratten, Schildkröten, Wellensittiche, zahme Mäuse und Katzen, Kaninchen oder Geckos. Ein Mädchen besaß sogar ein eigenes Rennpferd, und der Klassensprecher konnte gar auf den Besitz eines sizilianischen Esels verweisen, den seine Familie eigens aus der Gegend um Palermo hatte einführen lassen. Doch bei Regina konnte es keiner glauben, weil ihr Vater dafür bekannt war, dass er keine Tiere mochte, und er daher natürlich auch keine Haustiere erlaubte. Sie musste an den Hasen von Kai denken, der ihn ihr einmal gezeigt hatte. Dieser Hase war so besonders weich und anschmiegsam. Sein Fell hatte die Färbung dunkler Schokolade und den Glanz einer seidigen, dunklen Bluse. Er duftete wunderbar nach Heu und nach Wärme, er roch irgendwie nach Freude und auch nach einem Zuhause. Kaum hatte sie ihn gesehen wusste sie plötzlich, dass sie ihn stehlen würde. Irgendwann. Sie stahl normalerweise eher Dinge und schon aus Prinzip keine Lebewesen. Aber diesen süßen, weichen, flauschigen Hasen musste sie einfach besitzen! Das mit dem Stehlen war noch längst nicht das einzige Wunderliche an ihr. Sie musste auch wie unter einem inneren Zwang die Treppen zählen, die Stufen, außerdem die Drehknöpfe an allen Fenstern und Türen, die in Richtung Sporthalle zeigten. Manchmal sagte sie Reime und Sätze sogar mindestens dreimal hintereinander nur um sicherzugehen, dass nichts unerträglich und vollkommen Unerträgliches, nichts Schlimmes oder Schreckliches passieren würde, obwohl ihr Mama gesagt hatte, dass das nicht unbedingt wirklich helfen konnte. Wenn man es mindestens dreimal sagte, ganz schnell und hintereinander, davon war Regina zumindest überzeugt, war man kurzfristig in Sicherheit. Es war ihr im Grunde klar, dass das alles nicht normal war. Und trotzdem konnte sie einfach nicht anders. Und so kam der Tag, an dem sie, nachdem sie dreimal gegen den Hasenkäfig geklopft hatte, der draußen hinter der Scheune stand und nur mit einem lächerlich einfachen, billigen Fahrradschloss verschlossen war, sich überlegte wie sie das Schloss am besten knacken könnte. Diese Dinge fielen ihr nicht schwer. Für so etwas hatte sie ein untrügliches Geschick und Gespür. Nach weniger als drei Minuten war das Schloss offen. Der Hase zappelte auf ihrem Arm und Regina nahm ihn mit in die Schule. Sie ging nicht in Kais Klasse, so dass die anderen Kinder nicht wissen konnten, dass es der Hase von Kai war. Sie zeigte ihn überall herum. Dann, in der Pause, ging sie nach draußen und ließ ihn einfach laufen. Er verschwand in den Wald und wurde nie wieder gesehen. Regina wusste nicht warum sie das getan hatte. Warum sie den Hasen nicht wenigstens zurückgebracht hatte. Sie konnte sich selbst oft nicht verstehen. Natürlich kam es heraus, die Sache mit ihr und dem Hasen. Kai war untröstlich. Man sah es ihm nicht an, weil er oft so lässig und cool wirkte, doch liebte er Tiere über alles. Die ganze Schulklasse, auch die

Parallelklasse, und alle Lehrer, sogar die Direktorin halfen mit den Hasen zu suchen.

Umsonst. Er wurde trotz größter Bemühungen nicht mehr wieder gefunden. Schließlich sprach niemand in der Schule mehr auch nur ein Wort mit Regina. Sie konnte das sogar verstehen. Oftmals dachte sie nun darüber nach einfach wegzulaufen, möglichst weit weg natürlich, und dabei selbstverständlich niemals, wirklich niemals mehr wiederzukommen.

Als hätten ihre Eltern die gleiche Idee, fragten sie sie, ob sie nicht für eine Weile bei ihrer Tante Monika wohnen wolle. Ja, das wollte sie. Das wollte sie sogar unbedingt. Und so war das Letzte, das Mia damals von Regina sah, ihren Hinterkopf im Auto ihres Vaters, der sie zu ihrer Tante fuhr. Alle waren froh, dass Regina nun fort war- außer Mia. Ich weiß beim besten Willen nicht warum, doch Mia ging tatsächlich beinahe jeden Tag in den Wald, um nach Kais Hasen zu suchen. So als hoffte sie wirklich und inständig, dass Regina zurückkäme, wenn nur erst der Hase wieder da sein würde. Ein wenig hatte sie wohl auch den Verdacht, dass Regina nicht nur Kais Hasen, sondern auch Fuchs gestohlen haben könnte. Doch es war nur ein kleiner, winziger und gänzlich unbe-wiesener Verdacht. Insgeheim hielt sie Fuchs nämlich für zu schlau, um Regina auf den Leim zu gehen. Nur sicher war sie sich eben nicht. So oft Mia aber auch suchte: Weder der Hase noch Regina kehrten zurück. Und es war Kai, der behauptete, dass sie erst an dem Tag zurückkommen würden, an dem sieben Raben mit vereinten Kräften nach den beiden riefen.

Und dies würde man noch im Umkreis von vielen, vielen Kilometern deutlich hören. Das klang zwar völlig unwahrscheinlich, doch aus reiner Neugier schon achteten die Kinder nun stärker auf die Raben als sie das bisher getan hatten. Allein das hat noch nie jemandem geschadet. Die Raben haben es nämlich zu jeder Zeit verdient, dass man auf sie achtet. Und an einem der Tage, an denen Mia im Wald nach dem Hasen suchte, sah sie etwas Rotes in der Ferne aufblitzen. Sie wusste nicht, ob sie sich darüber freuen sollte oder nicht. Denn zwar sah es aus wie Fuchs – was schön war, da es doch immerhin bedeutete, dass er noch am Leben war. Doch andererseits konnte sie noch immer nicht verstehen warum er sie einfach so vergessen hatte. Vergessen, nun ja, das war wohl andererseits auch nicht das richtige Wort. Sie musste an die Mäuse denken, die wohl Fuchs dort heimlich als Geschenk für sie hinterlegt hatte. Offenbar wollte er nichts mehr mit ihr zu tun haben. Wenigstens nicht direkt. Bei Kais Hasen war das etwas Anderes. Wenn der einst entführte Hase nicht mehr allein nach Hause zurückfand, so konnte ihm das wohl niemand ernsthaft vorwerfen. Ein Hase hatte sicherlich anderes vor, so ganz allein im Wald. Doch Fuchs war so klug, und mit Leichtigkeit hätte er zurückkehren können – falls er es gewollt hätte. Die traurige Tatsache, dass er das offenbar nicht wollte, war etwas, über das Mia häufig nachdenken musste.

Nur eine wirkliche Antwort fand sie nie. Manchmal, wenn Mia Kai auf dem Schulhof sah, überlegte sie wie es ihm nun wohl so ging ohne seinen Hasen. Doch fragen wollte sie ihn nicht. Kai sah nicht so aus als wollte er darüber sprechen. Ganz und gar nicht. Im Gegenteil. Und häufig genug dachte sich Mia, dass Regina Kais Freude irgendwie, zusammen mit dem Hasen, ganz einfach gestohlen haben musste. Zugegeben: Mit Kais Freude war es zwar seit langem nicht mehr so gut bestellt – immerhin hatte seine Mutter, wie hier alle wussten, die Familie einfach verlassen, doch der Hase hatte ihn wenigstens davon abgehalten auch noch komplett trübsinnig zu werden. Nun war er weg, der Hase – und mit ihm Kais Freude.

-------------------------NOTIZEN------------------------------------
----

Thema: Verstecke

Thema: Was zählt

Kai und Euklesophos

Lukas konnte es schwer ertragen seinen Freund so zu sehen. Ob er ihm vielleicht einfach die Geschichte von Euklesophos erzählen sollte? Lukas war sich nicht sicher. Er wollte sich eben ungern blamieren. Was, wenn Kai die Geschichte für Kinderkram hielt? Klar, Mia hatte er sie erzählen können. Aber Kai war nicht Mia, er war ein ganz anderer Typ Mensch. Andererseits gingen Lukas die Ideen aus. Er wollte unbedingt etwas unternehmen´, um Kai wieder aus seinem Loch herauszuholen. Also nutzte er einen der Tage auf dem Katzenfelsen, um ihm davon zu erzählen. Sogar von Mias Eiskönigin erzählte er und davon, dass nichts verloren geht. Kai hörte sich das alles an, fand die Geschichte gar nicht schlecht, meinte dann aber, dass er nicht wüsste, ob er an so etwas glauben könnte. „Ich weiß nicht", meinte er, „ob es mir so wichtig wäre alle wiederzusehen." Er dachte nach und sagte dann: „Vor allem ist es mir wichtig, dass sie überhaupt da waren. Weißt du, was ich meine?" Lukas nickte. „Ja, ich glaube schon."

„Manchmal", erzählte Kai, „stelle ich mir einfach vor, dass die Zeit zurückgedreht wurde, und mein Hase noch da ist. Dann zählt nur dieser Augenblick, in dem ich mich an ihn erinnere, und das hilft mir dann über den Tag zu kommen, irgend-wie." Lukas wusste nicht was er antworten sollte. Kai rückte nicht oft mit solchen persönlichen Dingen heraus.

Er wollte nichts durch ein paar unbedachte Worte kaputt machen und überlegte krampfhaft was er sagen sollte. „Entspann dich", meinte Kai. „Jeder macht das so wie es für ihn gut ist, oder?"

„Ja", antwortete Lukas. „Der Moment, an dem einem klar wird, dass es eine Erinnerung ist, der ist mit Abstand der schlimmste", ergänzte Kai noch. „Doch man kann sich dagegen gut absichern."

„Wie denn?", wollte Lukas wissen. „Indem man dann trotzdem einfach mit den Gedanken wieder dorthin zurückgeht", erklärte ihm Kai.

„Auch wenn man weiß, dass es eine Erinnerung ist....trotzdem, weißt du, trotzdem.

Du kannst diese Erinnerung abkoppeln und dadurch schützen. Sie ist dann das, was zählt" Lukas nickte.

Das konnte er sich gut vorstellen. Er nahm sich vor das gelegentlich selbst einmal auszuprobieren. Bevor er etwas darauf antworten konnte, wollte

Räuber ihre ganze Aufmerksamkeit, was Lukas nicht im Geringsten störte.

Er dachte an Mia und an den Wind, der ihn jedes Mal an Mia denken ließ, an die Eiskönigin, den Zauberer, aber auch an Kais Erinnerung. Er dachte an all das, was zählte, während Räuber dem Stock nachjagte, den Kai für ihn geworfen hat. Räuber wirkte so glücklich, Kai nun endlich auch ein wenig. Und das war ein gutes Gefühl.

Thema: Was zählt

----------------------- LÖSUNGSWEGE---------------------------

----

THEMEN: Schätze

Der Tag der verrückten Eule

Der Tag der verrückten Eule veränderte vieles. Es war der Tag, an dem Reginas Vater in seiner sauber geputzten Wohnung eine Eule vorfand. Es war eine völlig gewöhnliche Eule, zumindest hatte dies den Anschein.

Ungewöhnlich war jedoch der Dreck, den sie verursachte, während sie durch seine sauber gescheuerte Wohnung rannte.

Reginas Vater schrie, zeterte, fluchte und jammerte, als er die schmutzigen Tappen auf seinen ehemals so makellos weißen Fliesen sah. Tappen die sich anscheinend wie von Zauberhand vermehrten, aus denen immer mehr wurden. Immer mehr Tappen, immer mehr Schmutz. Hinzu das Geschrei und das grässliche Geräusch der Flügel. Flügel, das hatte er zuvor nicht gewusst, konnten so unfassbar fürchterliche Geräusche machen, hschhh ksschhhhhh, krchchchchch. Am liebsten hätte er geweint. So unglaublich das für einen erwachsenen Mann auch zu sein schien. In diesem Moment kümmerte ihn das nicht. Ja, er musste es zugeben: Es war ihm direkt zum Weinen zumute.

Wäre Reginas Mutter nicht gewesen, welche die Eule schließlich eingefangen und ihren Mann beruhigt hätte, so wäre wohl die Nachbarschaft dahinter gekommen, dass es wohl auch Tappen auf der Seele des immer so fein gekleideten Geschäftsmannes gab.

Andererseits: Wo gab es die nicht. Und, auch das war der Eule gelungen — am Ende brachte sie Reginas Eltern nach langer Zeit dazu sich anzusehen, so richtig anzusehen. Und das, bevor sie dann miteinander sprachen. Etwas, das ich erst sehr viel später über Regina herausgefunden habe, ist, dass ihre Eltern nicht immer so waren, und dass es etwas gab was alles verändert hatte: In Reginas Familie hatte es noch ein Mitglied gegeben, einen kleinen Bruder. Wie sein Name war, und woran er gestorben ist- ich weiß nicht, doch irgend-wie gab es da wohl so etwas wie eine stille Übereinkunft darüber nichts über ihn zu erzählen. Doch gab es ein Zimmer, in das nur Reginas Mutter ging. Sein Zimmer. Es war nichts verändert worden. Regina hatte ein paar Mal hinein-gesehen, doch niemals hatte sie sich getraut die Schwelle zu diesem Zimmer zu übertreten. Es war so, als würde jederzeit seine Rückkehr erwartet werden. Reginas Vater hingegegen machte einen Bogen um dieses Zimmer. Ich dachte erst, dass er wohl mit Toten nichts zu tun haben wollte, und ich dachte daran, dass ich ihn eigentlich noch nie hatte leiden mögen, doch im Grunde hing das alles nur damit zusammen, dass ich überhaupt nichts wusste. Wie könnte ich auch. Wie kann auch nur ein Mensch glauben, dass er von einem anderen etwas wüsste. Das musste ich mir eingestehen, als ich noch etwas anderes über Reginas Vater erfuhr. Ich erfuhr es von Mia. Mia, die lange Zeit ihrer Kindheit im Krankenhaus verbracht hatte, war er dort immer aufgefallen. Es gab keine Blutspende, die er verpasst hätte. So als glaubte er, dass sein Blut Leben retten könnte. Aber was rede ich da. Natürlich kann es Leben retten. Seither bin ich noch vorsichtiger in dem, was ich über andere Menschen denke, als ich es zuvor war. Vor meinem inneren Auge sehe ich ihn auf dem Gang des Krankenhauses sitzen, er, der immer so perfekt, so spöttisch und von oben herab erscheint. Und dann sehe ich ihn vor mir wie er ein Leben retten möchte mit seinem Blut, weil für ihn das Leben das Wertvollste ist.

Das Leben, was sein Sohn nie haben konnte. So stelle ich es mir wenigstens vor. Was genau in seinem Kopf vorgeht in diesen Momenten kann ich natürlich nicht sagen. Davon abgesehen ist Mia nicht ganz meiner Meinung.

„Er hat doch gelebt", meinte sie, als wir einmal davon sprachen. Und er hat etwas Gutes in die Welt gebracht. Zum einen glaube ich zu verstehen was Mia meint.

Zum anderen dann auch wieder nicht. Durch seinen frühen Tod wurde eine ganze, nun nicht mehr ganze, Familie sehr unglücklich. Aus einer Familie wurden Menschen, die, jeder für sich, voreinander her lebten, auch hintereinander, nebeneinander doch nicht mehr wirklich miteinander. Es fehlte etwas. Jedenfalls hatte nun immerhin die Eule dafür gesorgt, dass sie wieder miteinander sprachen.

Ich weiß nicht was daraus geworden ist. Aber das kann man ja sowieso nie so genau wissen. Auch kann ich nicht sagen ob es der Grund war, warum Regina seither wieder viel häufiger zu Besuch zu ihren Eltern kam.

Zurück wollte sie allerdings nicht. Bei ihrer Tante schien es ganz nett zu sein. Und sie würde mir schon noch alles erzählen. Dann wenn es an der Zeit war.

Und darauf lohnte es sich zu warten. Auf alles, worauf es letztlich ankommt lohnt es sich zu warten.

Der Tag, an dem Regina mir erzählte, dass der Name ihres verstorbenen Bruders Tim gewesen sei, war zugleich der Tag, an dem sie die Schwelle zu seinem Zimmer, zum ersten Mal seit Jahren überquert hatte. Leicht war es ihr nicht gefallen. Etwas in ihr hatte Angst vor diesem Zimmer das so aussah als hätte Tim es nur kurz verlassen, um bald darauf zurückzukehren. Zumindest beinahe. Ihre Mutter hatte die Spielsachen, die sonst überall herumgelegen waren, aufgeräumt. Schon allein von daher konnte etwas nicht stimmen. Davon abgesehen würde Tim nicht wieder zurückkommen. Er war vor vier Jahren an einer Krankheit gestorben. Regina hatte nie so richtig verstanden um welche Krankheit es sich gehandelt hatte, offenbar war sie ohne Namen geblieben:

„Alles, was einen Namen hat kann man besser behandeln!" – Das war das Einzige, an das sie sich in diesem Zusammenhang erinnern konnte. Lose Gesprächsfetzen zwischen ihrem Vater und ihrer Mutter. Diese Gespräche wurden zumeist abgebrochen, wenn Regina das Zimmer betreten hatte. Ein Schweigen, offenbar zu ihrem Schutz bestimmt. Doch anstatt des Schutzes war eine Unruhe daraus erwachsen, die Regina seither begleitete.

Tante Monika immerhin hatte manchmal versucht mit ihr darüber zu sprechen, doch auch sie hatte sich offenbar nichts unter Tims Krankheit vorstellen können.

„Alles, was einen Namen hat, wird besser behandelt", so etwas in der Art haben Mama und Papa wenigstes gesagt.

Tante Monika seufzte, nickte, und während sie hernach ganz still nebeneinander saßen, schwor sich Regina den Dingen und überhaupt jedem in Zukunft einen Namen zu geben. Wenn nämlich Namen dazu führten, dass auch nur irgend etwas in dieser Welt besser behandelt würde, dann wollte sie, Regina, ihren Teil dazu beitragen. Heute, als sie nach langer Zeit über diese Schwelle zu treten im Begriff war, war sie fest dazu entschlossen seiner Krankheit einen Namen zu geben. „Ich glaube, dass Tim an einem Blut-Schnupfen gestorben ist", überlegte sie sich, denn sein häufiges Nasenbluten war etwas, an das sie sich noch besonders deutlich erinnern konnte, Regina wollte es ihm sagen. Irgendwie glaubte sie, dass er sie hören könnte, sobald sie in seinem Zimmer war. Papa würde sie das natürlich nicht erzählen. Es gab schon genug Streit zwischen ihm und ihrer Mutter wegen der Sache mit Tims Zimmer. Papa fand nämlich, dass dieses Zimmer so nicht mehr da sein sollte- eben weil Tim nicht mehr da war. Mama hingegen fand, dass gerade deshalb, weil Tim nicht mehr hier mit ihnen lebte, es einen Raum geben sollte, in dem man sich jederzeit an ihn erinnern könne. „Dafür brauche ich keinen Raum", hatte Papa gesagt- und doch fand Regina, dass Mama recht hatte. In

Tims Raum roch es sogar noch nach ihm. Regina fasste sich ein Herz und übertrat sie nun endlich, diese Schwelle. Es war nicht so schwer gewesen wie sie gedacht hatte- und gleichzeitig noch viel schwerer.

Hier stand sie nun in der Mitte des Raumes. Die Sonne flutete gleißend durch das Zimmer, und winzige Staub-Partikelchen tanzten vor ihren Augen.

Alles fühlte sich auf eine Art vertraut an, die sie lange vermisst hatte. Sie vergaß sogar für einen Moment, dass sie gar nicht mehr hier wohnte, bei Mama und Papa. Mittlerweile lebte sie fest bei Tante Monika. Seit der Sache mit dem gestohlenen Hasen hatte sich etwas grundlegend geändert. Die Besuche daheim fühlten sich daher auch nur noch tatsächlich an wie Besuche-außer heute. Etwas war anders, als sie hier in Tims altem Zimmer stand, und es ihr dabei fast so vorkam als könnte er plötzlich neben ihr stehen. Weit entfernt vernahm sie ein Kinderlachen. Die Wärme, die mit der Sonne durch das Erkerzimmer getragen wurde- zusammen mit diesem Lachen und dem Geruch, der ihr so vertraut war wie sonst nichts auf der Welt- fühlte sie sich plötzlich nicht mehr so allein wie sonst. Das Gefühl seiner Anwesenheit wurde stärker und stärker. Nun hätte sie schwören können, dass Tim in eben diesem Moment bei ihr war. Nun konnte sie Mama richtig gut verstehen. Kein Wunder, dass sie alles so lassen wollte wie es vor Tims Tod gewesen war. Und doch war ihr bereits zu Beginn eines in Tims Zimmer aufgefallen: *So* war es nicht gewesen! Sie zog eines der

Kissen vom Bett und ließ es auf den Boden gleiten, bevor sie zum penibel aufgeräumten Schreibtisch ging, die Buntstifte aus dem Glas nahm und sie kreuz und quer im Raum verteilte. Dann schüttete sie noch den Inhalt seiner obersten Kleidungsschublade hinzu und besah sich zufrieden ihr Werk. Ja, genau so! Nun fühlte sie sich so richtig wohl. Langsam ließ sie sich in den Schneidersitz auf den Boden gleiten, ganz so wie früher, wenn sie hier im Zimmer mit Tim gespielt hatte. Die Zeit hörte auf zu existieren, zumindest für diese Weile, in der sie gedankenverloren auf dem Boden des alten Zimmers von Tim saß und sich glücklich fühlte. Erst als sie das Geräusch eines sich drehenden Schlüssels an der Haustür vernahm, zuckte sie zusammen und war mit einem Mal wieder hier, weit weg von Tim und ganz allein. Trostloser als es zuvor gewesen war.

Es war Papa. Regina wusste, dass nicht mehr genug Zeit bleiben würde, um sich zu verstecken. Doch es war ihr egal. In diesem Augenblick war ihr selbst Papas Reaktion gleichgültig.

Zuerst blieb dieser im Türrahmen stehen. Genauso wie Regina selbst schien er sich nicht über die Schwelle zu trauen. Doch dann, ganz langsam, entschlossen, bewegte er sich auf die Mitte des Raumes zu und setzte sich zu Regina. Die Unordnung im Raum sprach er nicht an. Streng genommen war es ja auch gar keine Unordnung. Vielmehr war es Tims Ordnung gewesen, und Regina hatte lediglich den ursprünglichen Zustand wieder hergestellt. Papa sprach nicht. In seinem Gesicht war keine Regung zu erkennen. Regina war froh darüber, dass er nichts sagte. Es war ihr nicht danach dieses Gefühl, welches sie in Tims Zimmer empfand, durch Gespräche zu stören. Sie fand es schön, dass Papa da war, einfach nur da war. Dann begann sie zu reden. Nicht über Tim, das ging nicht. Doch sie sprach über die Sache mit Kai. Wie sie ihm seinen Hasen gestohlen hatte, wie weich dieser Hase war, und dass Kai nun keinen Hasen mehr besaß, weil sie ihn im Wald ausgesetzt hatte. Sie erzählte ihm wie gerne sie das ungeschehen machen würde, und wie gern sie die Zeit zurückdrehen würde- um vieles, vieles ungeschehen zu machen. Sie hatte daran gedacht einen neuen Hasen zu kaufen, doch dann war ihr das falsch vorgekommen. Man konnte doch nicht ein Lebewesen durch ein anderes ersetzen? „Nein", sagte Papa. „Das kann man nicht." Und dann dachten sie beide darüber nach wie gern sie den Tod von Tim ungeschehen machen würden. Es war schwer zu sagen wie viele Stunden sie da saßen. Irgendwann jedenfalls sagte Papa: „Das Zimmer gefällt mir jetzt viel besser, jetzt wo es nicht mehr so aufgeräumt ist." Regina musste lachen. Das war wirklich ganz und gar untypisch für Papa. „Es klingt jetzt vielleicht komisch, Regina", sagte er dann, „doch ich möchte dir einen Hasen kaufen." Als Mama nach Hause kam, erzählte ihr Regina davon, und Mama war so überrascht, dass sie darüber vergaß sich zu wundern, warum es in Tims Zimmer plötzlich anders aussah. Sie übertrat die Schwelle, so wie es für sie ohnehin normal war, da sie es ja häufig tat und setzte sich zu ihnen. Das war allerdings etwas ganz Besonderes. Reginas Herz begann ganz schnell zu klopfen. Aber klopfte auf diese Art schnell wie es zu klopfen pflegte, wenn sie sich freute. Ja, ein Freude-Klopfen, ganz eindeutig. Sie bereute es kein bisschen, dass sie sich in Tims Zimmer gewagt hatte. Ganz im Gegenteil. Wie lange sie alle noch da saßen konnte sie schwer sagen. Mama und Papa erzählten ihr von Tim. Aber irgendwann, es war schon etwas dunkel, gingen sie alle zusammen ins Wohnzimmer. Die Stimmung war anders als sonst. Und seit langer Zeit war sie gar nicht so erleichtert wie normalerweise, als Tante Monika kam, um sie abzuholen.

-------------------------NOTIZEN------------------------------------
----

Thema: Schätze

Thema: Bewertungen und Werte
Lukas und Kai

Kai war zwar der beste in Sport, Mathe aber brachte ihn so richtig zur Verzweiflung. Dabei fand Lukas gar nicht so schlecht, was er da zusammenrechnete.
Auf eine Art kam es ihm sogar richtig klug vor. Nur eben, dass es nicht zu dem passte, was man als Ergebnis erwartet hätte. Andererseits: Bei Kai kam ohnehin meistens etwas anderes heraus, als man erwarten würde. So war Kai eben.

Und langweilig wurde es mit ihm nie.
Irgendwie passte heute wieder einmal alles so richtig zusammen, fast schon freute er sich auf die Schule.
Einfach nur weil er dort Zeit mit Kai würde verbringen können.
Ein schriller Pfiff riss ihn aus seinen Gedanken: „Hey, Lukas!" Es war natürlich Kai. Er grinste mit einer riesigen Zahnlücke zwischen den Vorderzähnen in seine Richtung.

Lukas freute sich total ihn zu sehen. Gemein-sam gingen sie ihren Weg durch den Wald zur Schule hin. Manchmal machten sie auf dem Rückweg einen Umweg über die Ruine. In der Nähe gab es wohl noch ein Versteck, welches Kai ganz für sich alleine brauchte. Nicht einmal Lukas wollte er dort bei sich haben. Einerseits fand Lukas das schade, andererseits konnte er es auch wiederum verstehen. Manchmal war es eben so, dass man etwas für sich ganz allein brauchte.
Immerhin hatte Kai ihm dafür den verfallenen, fast komplett mit Moos überwucherten Steinbrunnen

gezeigt, und er teilte sogar seine Brote mit ihm. Das klang zwar komisch, doch es gab nichts, was Lukas lieber aß als die Brote von Kai.

Oftmals verspürte er den ganzen Tag über keinen Hunger und seine Mutter hatte sich schon mehr als einmal darüber beklagt, dass er zu wenig aß. Doch aß er nicht mit Absicht wenig. Häufig saß ihm etwas im Bauch. Etwas, das ihm die Lust auf das Essen verdarb.

Es fühlte sich so abgeschnürt an in ihm drin, so als wäre in ihm irgendwie gar kein Platz mehr für irgendetwas anderes. Doch wenn Kai dann die Brote herausfischte, mit dem regelmäßigen Hinweis darauf, dass er die Zusammensetzung des Belages selbst erfunden hätte, dann war das anders.

Dann öffnete sich sein Bauch ein wenig, und er saß da mit Kai und aß das Brot, das irgendwie gleichzeitig nach allem auf einmal schmeckte, so als hätte Kai so ziemlich alles, was er im Kühlschrank vorgefunden hatte, zugleich irgendwie zwischen die Brotscheiben gepackt.

Woran es eigentlich lag, konnte er nicht sagen, doch wenn er in Kais Nähe war, fühlte er sich irgendwie verstanden. Kai schien es genauso zu gehen.

Es war noch nicht einmal nötig, dass sie sprachen. Manchmal war Kai wütend. Er trat dann gegen den Steinbrunnen und sah dabei tatsächlich ziemlich gefährlich aus, aber Lukas machte das nichts aus Immerhin kannte er das von sich selbst auch schon. Somit fragte er Kai also noch nicht einmal, warum er das tat, oder warum er denn überhaupt so wütend war. Irgendwie konnte er es sich ja ohnehin denken.

Die Sache mit seiner Mutter steckte da sicherlich auch mit dahinter.

Die Leute hatten wirklich ziemlich viel über Kais Familie getratscht, nachdem seine Mutter damals einfach nach Holland gegangen war und das ohne ihren Mann und ohne Kai.

In dieser Zeit hatte Kai jeden gehasst.

Ab und zu war er sogar von zuhause weggelaufen, und manchmal hatte er kaum ein Wort gesprochen und nur vor sich hingestarrt.

Lukas konnte sich noch gut daran erinnern.

Sogar gegen Lukas selbst hatte er etwas gehabt.

Na ja, doch immerhin hätte Kai, selbst in seinen absolut miesesten, nervigsten unglücklichsten und seinen aller- schlimmsten Phasen, zumindest seiner Katze niemals etwas angetan.

Auch Tiffy, dem Hamster, nicht. Das war etwas, das Lukas mit Kai verband.

Niemals hätte einer von ihnen einem Tier auch nur ein Haar gekrümmt. Und dass, fand Lukas, war eigentlich die Sache auf die es ankam. Er fand, dass Kai schon viel hatte einstecken müssen, und trotzdem war er stark geblieben. Lukas wenigstens fand ihn stark. Kai selbst war sich da oft gar nicht so sicher. Ab und zu kamen so viele Gefühle in ihm hoch, und dann auch noch gleich alle auf einmal. Das war nicht immer leicht zu ertragen. Vor allem nicht, wenn dann auch noch andere schlecht über einen sprachen. Doch dann dachte sich Kai, dass sowieso nur zählte was er selbst über sich dachte, oder Lukas, Räuber oder Maxime, seine Katze. Und da, das wusste Kai genau, schnitt er ganz gut ab.

Verfremdung/ Verfremdungen (variierend)

Geschichte umschreiben (Gegentext, Gegeninszenierung)

Wortverdrehungen

Collagen

Montagen

Interpretationen

Briefe an die einzelnen Personen schreiben

Kommentare schreiben

Einen Vergleich zu eigenen Erfahrungen schriftlich

festhalten, parodieren

Perspektivenwechsel

Meta-Ebene beschreiben

Neue Assoziationsketten schaffen

Geschichte zu einem Impuls-Bild schreiben

Sprechen über die jeweiligen Geschichten

Vorgeschichten / Nachgeschichten schreiben

Thema: Bewertungen und Werte

------------------------- LÖSUNGSWEGE-------------------------

----

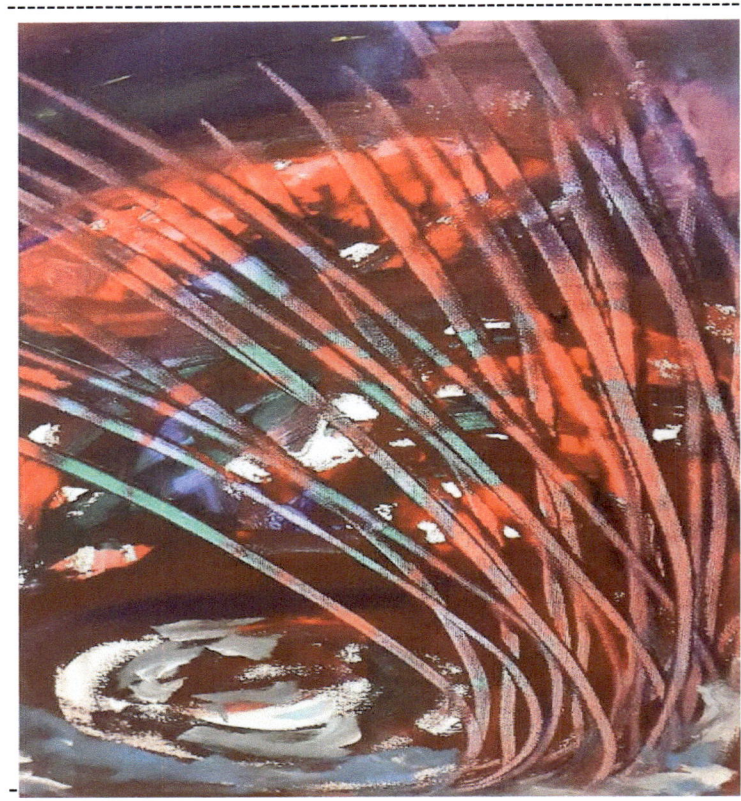

-------------------------------NOTIZEN-----------------------------------

Neuanfänge Hoffnung Trotz Coping
Abschied Tod Vertrauen Trauer
Zwang Achtsamkeit Ausgrenzung
Perspektivenwechsel Sinn Allein-Sein
Stille Leere Depressionen Angst
Unwohlsein Anspannung Identität
Reframing Wut Verlassen-Werden
Ohnmacht Unbehagen Personaler
Werte als Ressource Kontrollverlust
Neuanfänge Hoffnung Trotz Coping
Verlust Ablehnung Ausgrenzungen
Abschied Tod Vertrauen Trauer
Zwang Achtsamkeit Ausgrenzung
Unwohlsein Anspannung Identität
Perspektivenwechsel Sinn Allein-Sein
Stille Leere Depressionen Angst
Unwohlsein Anspannung Identität
Neuanfänge Hoffnung Trotz Coping
Verlust Werte Ausgrenzungen, Wut

Thema: Reframing
Der Katzenfelsen

Es klingt, das gebe ich zu, nicht gerade besonders glaubwürdig, dass ausgerechnet Kai, der so sportlich war, und der schon so oft am Katzenfelsen gewesen war, dort fast abgestürzt wäre. Doch an diesem Tag war es so. Vielleicht hing es damit zusammen, dass ausgerechnet Regina an jenem Tag in der Stadt gesehen worden war, aber das hatte Kai unmöglich wissen können. Er war bereits den ganzen Tag in der Nähe seiner Höhle gewesen, und nicht einmal Mia hatte ihn an diesem Tag dort besucht.

Und Regina war es auch, die ihn wieder hochgezogen hatte. Wie Mia war auch Regina immer wieder in den Wald gelaufen um nach Kais Hasen zu suchen. Und wie Mia hatte auch sie keinen Erfolg damit gehabt. Das bedeutete jedoch nicht, dass sie aufgegeben hätte.
Und diesem Umstand, der Entschlossenheit von Regina, war es zu verdanken, dass sie auch diesmal tief in den Wald hineingelaufen war um den Hasen zu finden. Sie stieß jedoch nur auf das Versteck von Kai und dann, als sie Kai sah, der sich nur noch knapp am Rande des großen Felsens festhalten konnte, zögerte sie nicht lange und half ihm wieder hoch. „Glaub nur nicht, dass ich mich bei dir bedanke", zischte Kai ihr noch böse zu. Damit hatte Regina auch nicht gerechnet. Und so war sie schnell und beinahe ungesehen wieder aus der Stadt verschwunden. So schnell und leise wie sie gekommen war, war sie auch wieder weg. Es gab nur einen, den sie auf dem Weg zurück getroffen hatte. Lukas. Und Lukas, der natürlich auf Kais Seite war,

hatte sie trotzdem gegrüßt. Das passte absolut zu ihm. Er verurteilte Menschen nicht so schnell. Ein wenig hatte der Vorfall mit Regina Kais Meinung über die Dinge geändert.

Es hatte wohl ohnehin mehrere Gründe, welche die Veränderung von Kai erklären konnten, so wie es für alles mehrere Erklärungen und viele Variationen gibt. Wenn ich heute, während meiner Konzerte spiele, dann achte ich immer auf die größte Konzentration. Und dennoch kann es auch mir passieren, dass ich mich von den Noten forttragen lasse. Dann beginne ich zu träumen und auch ein wenig zu fliegen. Ich muss dann an all das denken, was mir im Leben wichtig ist. Die Schönheit der Welt, die Schönheit der Musik; auch an die Schönheit einer wirklich unvoreingenommenen Meinung und an die innere Erhabenheit eines wahrhaft freundlichen, großzügigen Menschen muss ich dann denken, vor allem aber auch an die unendliche Schönheit echter Freundschaft.
In diesen Momenten weiß ich nicht mehr, ob die Musik mich spielt, oder ich die Musik. Doch das spielt, denke ich, ohnehin keine große Rolle. Beim Katzenfelsen ist es ein bisschen so wie bei Wolken. Manchmal kann man Dinge in sie hineinsehen. Sie können alle möglichen Formen annehmen – doch zum Schluss sind sie weder ganz etwas Anderes.
Nur beim Katzenfelsen war es nicht ganz so. Eine der Gestalten, die ich da aus dem Katzenfelsen heraussehen konnte war Fuchs. Ein zu Stein gewordener Fuchs. Ich habe niemandem Auch Jahre danach nicht. Denn obgleich mir der Gedanke, dass Fuchs nun Teil des großen Katzenfelsens sein könnte keine Angst bereitete, so wusste ich doch nicht, wie Mia darüber denken würde.

Lange wusste ich nicht ob es richtig war, ihnen das zu verschweigen. Vielleicht hätten sie dann aufhören können zu suchen. Zumindest nach Fuchs. Denn aufhören zu suchen in einem größeren Sinn – das sollte niemand von uns. Zumindest ist das meine Meinung. Fuchs, die rote, und nun offenbar steinerne, wunder-schöne Katze im Katzenfelsen schien mich neugierig anzusehen – und ich hätte schwören können, dass sie zufrieden aussah. Kein Wunder.

Wie die Sonne da so warm auf den Felsen hinabschien und alles so aufwärmte wie es Katzen nun einmal am liebsten ist.

Dass es Fuchs dort gefiel, nun ja, das war etwas, über das ich mich überhaupt nicht wunderte. Nur sprechen tat ich nicht gerne darüber. Noch immer nicht. In der Welt der Anderen, in der Welt da draußen kommt so etwas nun einmal nicht besonders gut an.

Und ich habe gelernt zu Schweigen. Vielleicht habe ich es damit häufig sogar ein wenig übertrieben. Doch im Wald. Im Wald da war ich immer in meiner Mitte.

Jedes Mal. Manchmal, wenn ich allein war, lauschte ich in die Stille des Waldes hinein, während dieser aus eben jener Stille etwas macht, das alles andere zu übertreffen in der Lage ist.

Die Waldesstille erzählt uns davon woher wir kommen, und zu was wir zurückkehren werden. In ihr fühlte ich mich so lebendig und so glücklich wie es überhaupt nur möglich war. Ich weiß nicht, ob ich das überhaupt in Worten beschreiben kann.

Vielmehr glaube ich, dass man das selbst einmal erlebt haben muss.

Ein Jahr etwa, vielleicht etwas länger, nachdem ich Fuchs im Katzenfelsen entdeckt hatte, sah ich dort eine Kreidezeichnung mit Schrift. „Ich weiß, dass du es bist Fuchs, und ich weiß auch, dass du jetzt glücklich bist. M.". Mia! Sie hatte es schließlich auch gesehen, was mich andererseits nicht wunderte, denn Mia ging mit offenen Augen durch die Welt. Sie kannte sogar, das war mir ausdrücklich versichert worden, das Land der Schnee-königin. Und das ist ziemlich selten. Es ist das Land, in dem nichts verloren geht.

Ich selbst habe nur durch einen großen Zufall von einer sehr bedeutenden und sehr schönen, russischen Musikerin vom Reich der Schneekönigin erfahren. An einem kühlen Abend in St. Petersburg, nach einem ihrer besten Konzerte. Und hierfür war ich mindestens dreißig Mal um den gesamten Globus geflogen. Mia hingegen kannte das Land der Schneekönigin auch so.
Ich weiß, ich habe es schon mehr als einmal erwähnt.
Mia war natürlich längst nicht die Einzige die mit offenen Augen durch die Welt ging. Agathe ebenso.

Und in meinen schwersten Zeiten konnte ich mich jederzeit zu ihr retten. Mitten während des Religions-unterrichts war an einem Tag plötzlich eine derartig rasende, heftige Wut in mir aufgekommen, die es unbedingt nötig machte, dass ich auf dem Rückweg bei Agathe vorbeischaute. Diese saß diesmal ausnahmsweise nicht in ihrem geliebten Schaukelstuhl, sondern klopfte lautstark Nägel in die dunklen Balken vor ihrer so abenteuerlich-morschen Veranda, vermutlich versuchte sie etwas zu reparieren. Doch als sie mich kommen sah, hörte sie damit auf, setzte sich neben mich auf eine der Holzstufen und hörte mir zu.

Der Religionsunterricht, in dem die riesige, unendliche Macht Gottes besprochen worden war, lag mir schwer auf dem Herzen.

Wie blanker Unsinn kam mir das Gerede der Lehrerin vor, und ich fühlte mich gänzlich von ihr belogen. Von ihr und von der ganzen Welt. Nur eben nicht von Agathe.

„Was ist Gott nur für ein kleines Licht!" schimpfte ich. „Von wegen große Macht!" „Er kann doch gar nichts! Und wenn, dann will er es nicht machen!" Ich musste mit einem Mal an all das Elend denken, an das Elend auf der Welt und an mein eigenes Elend. „Nun ja", sagte Agathe ernst. „Was die meisten nicht wissen – und wofür sie mich nicht gerade mögen wenn ich es ausspreche- in der Tat ist er nur ein kleines Licht." Ich sah sie verwundert an. Mit so einer Antwort konnte man bei einem erwachsenen Menschen ja wirklich nicht unbedingt rechnen. Doch Agathe ließ sich davon nicht beirren.

Im Gegenteil. Wie zur Bekräftigung fuhr sie damit fort weitere Nägel in die Veranda zu klopfen. „Ein ganz kleines Licht ist er in einem Strudel aus Dunkelheit und Leid. Doch er ist das einzige Licht das von Anbeginn an da war. Das einzige – selbst wenn es ein kleines Licht ist." Sie sah aufmerksam zu mir hin. „Sag mal, kannst Du mir mal die Kiste mit den Nägeln reichen? Ich brauche noch ein paar mehr." Schließlich, während sie auch noch die restlichen Nägel geschickt in das morsche Holz trieb, fasste sie ihre Weisheit für mich zusammen. „Also", begann sie, „es gibt da noch etwas, das man wissen sollte. Das hat mit dem Licht und mit einem selbst zu tun." Einige Nägel mussten noch daran glauben bis sie weitersprach. Ich fand es, ehrlich gesagt, schon ziemlich bewundernswert mit welcher Kraft und wilder Entschlossenheit eine so kleine Person das fertigbrachte. Sogar ich, mit meinen 13 Jahren, war deutlich größer als sie. „Je näher du diesem Licht kommst, umso heller wird es, und die Kraft, die in diesem Licht wohnt, kann ebenfalls wachsen – zusammen mit dir!"

Sie sah mich ruhig an, dann fuhr sie fort: „Gottes Macht hängt mit Sicherheit auch von der unseren ab.
Unser Licht stärkt ihn – manchmal aber auf Umwegen." Sie machte wieder eine kleine Pause, dann fuhr sie erneut fort: „Leichte Erklärungen gibt es hierfür nicht. Unser Verstehen ist begrenzt und morsch, so wie dieses alte Holz hier. Und nirgends mehr Nägel…" . Laut seufzend und kopfschüttelnd betrachtete sie die dunklen Holzdielen. Ich sah sie offenbar fragend, möglicherweise sogar ein wenig begriffsstutzig an, und so fasste Agathe nochmals alles für mich zusammen. Das konnte sie gut, denn eine ihrer allergrößten Stärken war ihre Geduld, abgesehen von der Fingerfertigkeit, mit der sie alte Holzdielen mit ein paar gezielt gesetzten Nägeln stabilisieren konnte, ihrer Fähigkeit genau zuzuhören oder ihre Begabung im Umgang mit den Raben.
„Ich weiß nur, dass unser Licht ihn stärkt, die Abwesenheit unseres eigenen Lichts wiederum ihn schwächt. Seine Macht hängt also auch von uns ab und damit wie wir selbst mit Leid und mit dem unabwendbaren Tod umgehen, oder mit anderen Menschen, mit Tieren, mit der Welt eben." Da nickte ich, denn es ergab einen Sinn. Es klang nicht so theoretisch,

nicht so gänzlich unglaubwürdig wie das, was die neue Religionslehrerin mir hatte weismachen wollen.

Agathe sah mich an, nachdenklich, wie so oft, um dann weiter zu sprechen: „Doch was er ist, eben dieses kleine Licht – das ist wiederum weitaus mächtiger als zumeist angenommen." Ich bemühte mich sehr angestrengt darum, mir das bildlich vorzustellen. „Er ist da, er ist ein Licht, und er wird immer da sein – umso heller, je näher man ihm ist. Er ist vielleicht auch ein Es oder eine Sie – darauf kommt es, glaube ich, nicht an."

Ich nickte erneut. Das fand ich nämlich auch. Solche Dinge waren tatsächlich wohl eher nebensächlich. Agathe war ganz offensichtlich auch hier einer Meinung mit mir. „Doch das Licht, darauf kommt es an, und wir alle können es ein wenig größer machen mit unserem Leben."

Wieder nickte ich ein klein wenig und dachte gleichzeitig intensiv darüber nach, was sie gesagt hatte, was nicht einfach war, da sie manchmal viel schneller sprach als ich denken konnte. „So ist es auch mit der Dunkelheit", fuhr sie fort und wurde ein wenig lauter, so als wollte sie ihre eigenen Worte von eben noch-mals bekräftigen. Richtig laut wurde es bei Agathe zwar nie, außer natürlich wenn Kinder bei ihr zu Besuch waren, oder aber wenn sie mit Eifer dabei war irgendetwas zu reparieren. Doch dieses hier war ihr wichtig, so dass sie mit einem Mal etwas lauter sprach als sonst. Gerade so als wollte sie damit ganz sichergehen, dass es auch ja nicht überhört werden würde. Vielleicht lag es auch daran, dass es diesmal wie eine kleine Predigt klang. Doch nahm ich ihr es nicht übel. Wenn man von etwas so sehr überzeugt ist, darf man wahrscheinlich auch mal so klingen wie ein Prediger.

„Die Dunkelheit ist immer da. Von Anfang an. Niemand macht sie. Sie ist einfach da. Unsere Aufgabe ist es nicht danach zu fragen warum sie da ist. Irgendwann müssen wir sie nur erhellen, das ist alles."

Sie sagte das so, als sei es nicht besonders schwierig. Ich konnte mir noch nicht so richtig vorstellen was sie damit meinte. Wie sollte das gehen? Mit riesigen, grellen Neonröhren, gigantischen Lichtquellen, Fackeln, Strahlern oder sonstigen monströsen Lampen vielleicht, oder möglicherweise mit einer Armee von Laternen? „Weißt du", versuchte Agathe mir nun zu erläutern, „im Leben eines jeden Menschen gibt es so eine Art Sternstunde. Vielleicht sind es aber auch eher Stern-Momente.

Sie müssen dabei gar nicht einmal sehr lange dauern." Sie wühlte umständlich in der Werkzeugkiste, dann fuhr sie endlich fort. „Doch wirklich, auch wenn sie nur kurz in uns aufblitzen - sie sind sehr, sehr wichtig. Es sind Momente, in denen sein Dasein dazu führt, das alles für eine Weile heller wird als sonst." Ich dachte an meine Mutter, an die erste Zeit mit ihr, an die ich mich noch erinnern konnte. Wie sehr war durch sie damals alles so hell und warm gewesen. Ich erzählte Agathe davon. Sie nickte. „Ja, das gehört auch dazu. Und auch deine eigene Erinnerung daran ist ein weiteres Licht, denn es ist wie ein heller Schatz, der in dir lebt." Ich unterdrückte die Tränen, die in mir aufzusteigen drohten. Natürlich hätte ich vor Agathe weinen können, doch gerade jetzt wollte ich das absolut nicht. Vielmehr wollte ich verstehen was sie meinte. Mit dem, was sie bisher gesagt hatte, konnte ich etwas anfangen, und offenbar fühlte sich Agathe dadurch ermutigt weiterzusprechen.

.„Manchmal hat ein einziger Mensch viele solcher Sternstunden, manchmal wenige. Es kommt dabei nicht so sehr darauf an wie alt jemand geworden ist oder wie jung jemand geblieben. Nur diese Sternstunden, dieses Licht ist es, das zählt." Ein wenig klarer fand ich dies nun, und als Agathe noch sagte, dass jeder mit seinem Leben auf eine Weise dazu beiträgt, dass die Dunkelheit nicht mehr so undurchdringbar erscheint, wusste ich, was sie meinte. Jede dieser Sternstunden trug dazu bei uns selbst zu stärken, aber auch das Prinzip des Lichts. Damit konnte ich tatsächlich sehr viel mehr anfangen als mit dem, was die Lehrerin im Religionsunterricht erzählt hatte. Aber so war es immer bei Agathe.

Sie wusste einfach genau wie sie etwas erklären musste, damit ich es verstand. „Jede einzelne Sternstunde zählt", fügte sie noch hinzu, „so wie ja schließlich letztlich auch jeder einzelne Mensch zählt und bleibt." Agathe wusste noch viel mehr.

Das war einer der Gründe warum ich immer wieder bei ihr vorbeikam, bevor ich dann irgendwann, gegen Abend, wenn selbst die Raben nicht mehr ganz so aufgeweckt krächzten wie zuvor, schließlich nachhause ging. Vielleicht wusste sie so viel, weil sie so alt war. Vielleicht aber auch, weil sie wusste was Leid war.

Am allerwahrscheinlichsten fand ich selbst aber meine Vermutung, dass es damit zusammen-hängen könnte, dass Agathe bereits einmal tot gewesen war. Das war schon über neun Jahre her, also eine ziemliche Zeit. Aber dennoch. Für ganze zwei Minuten und immerhin für 57,3 Sekunden war sie tot gewesen. Sie redete nicht gern darüber. Nur ab und zu erwähnte sie es. Vielleicht um zu erklären, warum sie die Dinge so sah, wie sie sie sah. Agathe hatte nämlich seither auch keine Angst mehr vor dem Tod. Im Gegenteil, sagte sie. Seitdem war sie neugierig darauf wie genau es weitergehen würde. Dass es nach dem Tod weitergehen wird, davon war sie sowieso überzeugt. Mich wunderte das nicht. Immerhin, wer konnte schon von sich selbst sagen, dass er bereits einmal für zwei Minuten und 57,3 Sekunden tot gewesen sei. Deswegen hörte ich bei ihr auch immer ganz besonders gut hin und versuchte zu verstehen warum die Lichter und das Licht bei ihr immer eine so große, eine so übergeordnete Be-deutung erhielten. Das mit den Lichtern kam nämlich fast in jeder ihrer Erzählungen vor, und dabei wiederholte sie sich kaum.

Es kam mir eher so vor als wäre ein besonderer Schatz in ihr, ein unermessliches Kaleidoskop, welches immer wieder neue Lichter, neue Quellen und neue Sichten hervorbrachte. Einmal versicherte sie mir, dass es egal sei, was man in seinem Leben mache – solange es nur etwas sei, was dieses Licht ein wenig größer zu machen imstande wäre. Sie sagte, dass sich der Inhalt all dessen, was wir tun, ganz am Ende einfach herauskürzen würde und nicht mehr wichtig sei. Wichtig, das betonte sie besonders, sei nur die Haltung, mit der etwas gemacht wurde. Ich erinnere mich daran, dass ich mit dem Wort nichts anfangen konnte. Die Haltung, das war für mich die Art wie sie mit ihrem Körper, der nicht groß genug für den hohen Schaukelstuhl war, wie eine Stoffpuppe mit den Beinen baumelte. Also erklärte sie es mir nochmal. Sie sagte mir was sie unter Haltung verstand. „Man muss es mit dem ganzen Herzen tun, man muss davon überzeugt sein, und man muss daran glauben, dass das kleine Licht, selbst das kleinste und flackernste noch zu etwas führen kann." Dabei sah sie mich so ernst an, dass ich allein daran schon merkte, dass es etwas ganz Wichtiges sein musste. Wer Agathe kannte wusste nämlich, dass sie niemals einfach so ernst schaute. Meistens nämlich lachten ihre Augen und überhaupt die ganze Person.

Alles an ihr schien dann zu lachen und zu strahlen. Manchmal wusste ich nicht so genau was sie meinte – und gleichzeitig irgendwie schon. Ich verstand was sie mir sagen wollte. Es hatte auf eine Art auch mit meiner toten Mutter zu tun und damit, dass sie das Licht ebenfalls gesucht hatte. Dass sie es nicht dort gefunden hatte, wo es mir persönlich am liebsten gewesen wäre, bedeutete nicht, da war sich Agathe sicher, dass das gegen diese Theorie sprach. Ich nenne es ganz sachlich eine Theorie, doch weiß ich, dass es für Agathe weitaus mehr gewesen sein muss. Aber ich schweife ab. Sie erzählte mir, dass es irgendwo einen großen Plan gäbe. Einen Plan, den man nicht verstehen könnte solange man hier auf der Welt sei. Aber man würde ihn danach verstehen. Dann würde man erst begreifen wie eng und untrennbar alles mit-einander zusammenhinge, und dass alles, in der Tat, miteinander zu tun habe. „Viele Wege führen nachhause, wirklich viele", sagte sie nicht nur einmal. Ich hätte mir dabei geradezu bildlich vorstellen können wie sie, mit aus-reichend Nadel und Faden ausgerüstet, genau diese Worte auf ein Stück Stoff stickte, um es dann eingerahmt im besten Zimmer des Hauses aufzuhängen. Aber da Agathe sich ja ohnehin zeitlebens meistens draußen oder im Flur, wo das Klavier stand, aufhielt, habe ich das beste Zimmer ihres Hauses niemals gesehen. Diesen Ausspruch konnte ich mir ohnehin auch so merken. Dafür war gar keine Stickerei nötig. Obwohl ich manchmal gern etwas besessen hätte, das mich auch materiell an Agathe erinnert hätte.

Etwas, das man richtig anfassen konnte, so wie ein Bild, eine Stickerei oder irgendetwas, das einmal ihr gehört hatte und ihr wichtig gewesen war. Doch dann wieder wusste ich, dass ich so etwas niemals brauchen würde, um mich tatsächlich an sie und an das, was ihr wichtig gewesen ist, erinnern zu können. „Viele Wege führen nach Hause". Daran würde ich mich immer erinnern und auch daran, was sie noch dazu gesagt hatte.

„Manchmal ist es nicht der bequemste Weg – und oft ist es auch nicht der, den wir uns selbst ausgesucht hätten – ja, das nun wirklich nicht." Sie seufzte erneut ein wenig.

„Alte Leute seufzen oft", dachte ich mir noch. Doch bei ihr störte es mich nicht sehr, da sie mindestens ebenso oft lachte. Agathe, die ja scheinbar gut reden hatte, da sie selbst schon so alt war, sagte auch, dass es am Ende nicht wichtig sei ob ein Mensch kurz gelebt habe oder lang.

„Manche sind die Menschen einfach nur lange da", sagte sie einmal, wieder sehr nachdenklich, um dann aus der ernsten Miene ein Lächeln heraus zu zaubern, wie es nur Agathe vermochte. „Doch das, was wir weitergeben können, das Licht – dafür braucht es nicht unbedingt ein langes Menschenleben, oder?" Ich wollte es wirklich unbedingt wissen. Schon allein wegen meiner Mutter. Sie überlegte kurz, schließlich fuhr sie fort: „Man hat vielleicht mehr Gelegenheiten", meinte sie schließlich.

„Doch muss das nicht bedeuten, dass man sie auch nutzt." Nach einer kleinen Pause ergänzte sie: „Viele jedoch, die nur wenig Zeit hatten, nutzten sie ganz wunderbar." Ich wusste, dass Agathes Tochter schon früh gestorben war, und ich wusste auch, dass Agathe manchmal, obwohl sie schon so eine alte Frau war, noch immer mit der Puppe ihrer verstorbenen Tochter spielte. Sie zog ihr Kleider an, und manchmal sprach sie mit ihr und hielt sie im Arm, ganz genauso wie kleine Mädchen mit ihren Puppen spielen.

„Weißt du", sagte sie dann – „gerade durch meine Tochter habe ich genau das gelernt. Sie war nicht lange da – doch lange genug, um mir eben dies beizubringen." Das glaubte ich ihr auch, und dennoch blieb es merkwürdig, dass sie mit der Puppe spielte, die sie Annie nannte, so wie es der Name ihrer Tochter gewesen war. Annie stand auch auf einer Karte, die neben ihrer Photographie bei Agathes Klavier stand. Der Name, schwarz, groß aufgefächert wie die seidige Schwinge eines Raben – und wie die Mahnung, sie nie zu ver-gessen.

Ich weiß nicht warum, doch musste ich immer, geradezu automatisch an das Reich der Schneekönigin denken, wenn ich vor einem inneren Auge diesen Namen von Annie sah. Den Namen auf der Karte.

Dazu ihre Augen auf der Photographie. Groß und neugierig. Ich dachte an Mia und an die bekannte russische Musikerin. Sie beide hatten erzählt, dass im Land der Schneekönigin niemals etwas verloren geht. Niemand hatte mich mit ihrer Musik so in den Bann gezogen wie damals diese Musikerin, und niemand außer Mia hätte es ernsthaft fertig gebracht mich an das Land der Schneekönigin glauben zu lassen. Beide zusammen ergaben eine Mischung der man sich nicht entziehen konnte.

Es wurde lebendig für mich, dieses Land der Schneekönigin. Und so sah ich Annie immer genau dort, in diesem wunderbaren, majestätischen Land. So hell, weiß und glitzernd wie es mir zu zwei Zeiten, zu zwei Orten, die verschiedener nicht hätten sein können, und mir dabei doch so gänzlich übereinstimmend, be-schrieben worden war.

Einmal, es war (was ich nicht wusste) ihr letzter Winter, half ich Agathe dabei einen Weihnachtsbaum zu schmücken. Es sei seit vielen Jahren ihr erster, hatte sie mir berichtet. Ein Waldarbeiter hatte ihn ihr geschenkt.

Der Baum war nicht besonders groß und auch ein wenig krumm. So wie Agathe selbst, fand ich. Doch gesagt habe ich natürlich nichts.

Vielleicht hätte sie sogar über den Vergleich gelacht, aber ich wollte sie nicht kränken. Sie stellte ihn, so wie es zu ihr passte, nicht ins Haus. Er stand bei den Kürbissen vor dem Haus und sie schmückte ihn mit echten, weißen Kerzen. Diese waren noch nicht angezündet, als sich die Raben in der Nähe niederließen, offenbar verzaubert und hellauf begeistert von den zahlreichen, glitzernden, glimmenden und schimmernden Silberkugeln, denn Kiara, die schöne Kiara mit den großen Augen, kam nahe genug heran, um sich ausgiebig in einer dieser Kugeln zu spiegeln. Hinterher, als die Kerzen dann leuchteten, und die vielen verzierten Silberkugeln ihr besonders helles, warmes Licht wiedergaben, sah man sie nur noch vorsichtig von weitem wie sie alles im Auge behielten. Neugierig, wie sie nun einmal alle waren, beobachteten sie, und das war völlig unüblich, schweigend das Geschehen. Sie hatten wirklich Stil, soviel stand schon mal fest.

Ich muss sagen, dass es wirklich etwas ganz Besonderes war, dieser Weihnachtsbaum von Agathe, der draußen auf der Veranda in der Dunkelheit ein so märchenhaftes Licht auf alles warf und den Wald in etwas verwandelte, das man nur bei ihr und durch sie so je gesehen hatte.

Dieser kleine, krumme Baum erhob sich nun also in seinem Leuchten und erhellte alles mit einem so warmen Licht, welches aus Agathes Augen zu mir zurückfloss wie etwas Warmes, Helles und Gutes, wie etwas, das mir das Gefühl gab, dass auf eine rätselhafte Art alles gut werden würde. Gerade deshalb, weil sie nicht so war wie alle anderen, fragte ich sie ständig etwas. Normalerweise bin ich niemand, der anderen beinahe ein Loch in den Bauch fragt, aber bei Agathe war das anders.

„Was ist denn nun eigentlich der Sinn von dem Ganzen?", wollte ich einmal von ihr wissen.

„Den ganzen Sinn", antwortete mir Agathe, „den können wir nicht immer sehen, wenn wir noch hier auf dieser Welt sind." Sie war davon überzeugt, dass es nötig sei zu fliegen, ein ganzes Stück nach oben, um sich das Leben von oben her anzusehen.

Erst dann, das versprach sie mir, würde ich alles verstehen. „Auch wenn du den Sinn gerade nicht siehst", versicherte sie mir. „Er ist da".

Vielleicht, auch das gab sie mir zu bedenken, reiche es im Leben sogar bereits aus darauf zu vertrauen, dass der Sinn da war – ob er nun zu sehen war, zu erkennen oder nicht.

„Manche Dinge kann man auch spüren, selbst dann, wenn man sie nicht sieht." Ich legte meinen Kopf in den Nacken und sah nach oben.

„Vertraue einfach darauf ", sagte sie mit einer solchen Überzeugungskraft in der Stimme, die in mir weiterschwang und in mir eine Sicherheit entfaltete, mit der ich zuvor wirklich niemals gerechnet hätte.

Ich dachte an den Wald mit seinen Raben und an alle, die schon auf dieser Welt fliegen konnten. An diesem Tag gab es nichts, das ich lieber getan hätte als durch den Wald zu laufen, um einige von ihnen zu sehen.

Und dann, es war nur ein kurzer Gedanke, hätte ich mich bereits an diesem Tag nicht gewundert Agathe unter jenen zu sehen, die schon zu Lebzeiten die Fähigkeit besaßen zu fliegen. Ich dachte mir an jenem Tag auch, besonders wegen der Sache mit der Puppe Annie, dass die meisten Menschen Agathe wohl für eine Verrückte halten würden.

Doch ich selbst fand sie nicht verrückt. Ganz und gar nicht. Selbst in ihren letzten Tagen nicht, an denen sie ein wenig verwirrt wirkte und mir vom Sinn des Lebens erzählen wollte.

Vielleicht hätte ich sie nicht schon wieder danach fragen sollen, vor allem nicht in ihrem Zustand. Sie war ganz zittrig und blass, fast durchscheinend, so wirkte sie dadurch noch viel zerbrechlicher als sonst. Doch etwas in mir warnte mich, dass sie nicht mehr lange bei mir sein würde. Es war so ein Gefühl, eine Angst, eine in mir lauernde, gerade aufkeimende Trauer, etwas, das mich warnen wollte nicht zu warten. Ich glaube, dass ich deswegen einfach fragen musste. Wer sonst außer Agathe hätte mir eine Antwort geben können?

Es schien mir jedoch so, als könne sie mit dem Wort plötzlich gar nichts mehr anfangen.

So als hätte es seine Bedeutung zwar nicht verloren, aber doch gewandelt. „Der Sinn….der Sinn….“ Agathe dachte ein wenig nach. „Ich kannte den Sinn früher einmal, als ich alt war oder jung oder am Beginn eines neuen Lebens….mmmh.“

Sie seufzte. „Doch ich habe ihn vergessen.“

Für einen Moment hatte sie völlig ratlos ausgesehen. „Er fällt mir wieder ein“, hatte sie versprochen. „Irgendwann, dann, wenn ich nicht damit rechne.“ Ich hatte Agathe daraufhin ein klein wenig ermunternd zugelächelt. Vielleicht half das ja beim Erinnern. Und tatsächlich:

„Ich glaube einmal, ja, da ist es mir wieder ein-gefallen für einen kurzen Moment.“ „Wann war das?“, wollte ich wissen.

„Das war an einem der Abende, die manchmal sehr dunkel sein können, dunkel und einsam. Ich saß auf der Veranda, und ich wusste gar nicht mehr warum ich das tat. Warum ich da saß und überhaupt. Doch dann blickte ich durch die ausgehöhlten Augen des Kürbisses auf der Veranda hindurch, jene, die mich anblickten, mir aber nichts zurückgaben oder spiegelten. Alles Dunkel, doch dann gab es da dieses kleine Licht – auch wenn das alles ist, was man sieht. Nur dieses kleine Licht. Das Licht als das Symbol der Hoffnung, der Abglanz dessen, was uns alle dereinst erwarten wird.“ „Sie spricht heute so komisch“, hatte ich gedacht. „So komplett altmodisch“. Außerdem klang es, ganz ehrlich gesagt, schon etwas verrückt, und sie sprach plötzlich ohne Pause und Ende, dabei wirkte sie doch so schwach. So als könnte sie eigentlich nur noch mit Mühe etwas sagen. Und dann diese vielen Worte, gespickt mit großen, alten Worten, die nicht leicht zu verstehen waren. Und trotzdem, dennoch verstand ich gut was Agathe meinte.

Manchmal brauchte es hierzu nicht einmal die gleiche Sprache.
Agathe sagte auch etwas, das heute noch in mir nachhallt; vielleicht ganz besonders auch deswegen, weil es so kurz vor ihrem Tod war.

Sie erzählte leise. „ Ich sitze oft hier auf der Veranda mit den Kürbissen, und manchmal ergibt nichts mehr einen Sinn. Ich weiß dann nicht mehr wozu ich hier bin, wozu ich hier war", sie seufzte: „und überhaupt."
„Vor allem wenn ich allein bin, und sich das Alleinsein schlimmer anfühlt als alles andere. Doch dann sehe ich, dass am Ende alles gut werden wird." Es war schön wie sie das sagte.
„Du wirst sehen - es wird auf eine Art gut, die uns dann, am Ende, ganz und gar selbstverständlich erscheinen wird. Es ist der Sinn, den wir jetzt noch nicht sehen, aber auf den wir vertrauen können." Nun wurde sie wieder etwas ruhiger und sah tatsächlich noch müder aus als zuvor. Ich bereute es ein wenig sie so angestrengt zu haben.
Doch mit dem, was sie gesagt hatte, damit konnte ich etwas anfangen.
Eine innere Stimme hatte mir selbst auch schon einmal so etwas Ähnliches gesagt.

Es war tatsächlich nichts, was sich leicht in Worten ausdrücken ließ. Vielmehr war es so etwas wie ein Gefühl. Ein Gefühl, welches von weit her kam. Von weit her und doch zugleich von einem Ort, der seltsam vertraut zu sein schien. So als sei es ein längst vergessenes Zuhause.

Aber so etwas erzählte man doch wirklich besser niemandem. Niemandem außer Agathe.

Da konnte man sicher sein, dass sie es auch verstand.

„Einmal", erzählte Agathe an einem ihrer letzten Lebenstage, „es war nachmittags an einem kalten Januartag. Ich lag im Bett, und plötzlich träumte ich, dass ich ein Kind sei, und dass dies nun gerade der Mittagsschlaf vor dem Heiligabend wäre." Sie schwieg eine Weile, dann fuhr sie fort: „Der Mittagsschlaf vor dem Heiligen Abend war immer das Schönste des ganzen Jahres für mich. Meine Mutter, mein Vater, ein älterer Onkel, die Großeltern, unser Hund Asko und die Tanten schwirrten im Haus umher. Meine drei älteren Cousinen schliefen auch, warm eingepackt. Alles roch so gut, und in mir war diese riesige Vorfreude auf das Fest.

Es war der absolut schönste Augenblick des ganzen Jahres." Ich weiß noch, dass ich genickt hatte. Ich konnte mir das gut vorstellen. Agathe als ganz kleines, geradezu winziges Mädchen (sehr viel größer ist sie ja auch später nicht geworden), das Haus, die Lichter, all die umherschwirrenden, aufgeregten Menschen mit ihren Vorbereitungen auf das Fest.

„Dann", fuhr Agathe fort, „wachte ich auf. Ich war alt, klamm und klapprig. Um mich her war kein Licht, keine Wärme. Es war ein kalter, grauenhaft dunkler Januartag. Weihnachten war längst vorbei, und all jene, von denen ich geträumt hatte – alle miteinander waren sie schon fort. Lange vor mir gestorben. Als ich erwachte und dies begriff, war es furchtbar. Am Anfang."

Sie sah mich traurig an, so als sei sie soeben ganz unsanft an etwas Schlimmes erinnert worden.

Schließlich fing sie sich wieder ein wenig, und sprach weiter. „Doch mit einem Mal wurde mir klar, dass mein Sterben so sein würde.

Ganz genauso. Wie mein Mittagsschlaf vor dem Weihnachtsfest. Und alle würde ich danach wiedersehen. Alle."

Eine Vorfreude lag auf Agathes Gesicht. Es war eine solche Freude, dass ich tatsächlich an Weihnachten denken musste. Ich erinnere mich genau daran, dass ich mich mit einem Mal etwas näher zu Agathe gesetzt hatte. Vielleicht weil ich plötzlich ein wenig Angst vor dem unabwendbaren Tag verspürte, an dem Agathe nicht mehr hier bei mir sein würde. Doch die Freude im Gesicht dieser alten Frau, die mir so wichtig geworden war, wuchs und wurde schließlich stärker als meine Angst und am Ende dachte ich nur noch an Weihnachten und an das, was mir, als meine Mutter noch gelebt hatte, daran auch immer am meisten gefallen hatte. Die Vorfreude.

An den Tagen nach ihrem Tod, an dem ich manchmal sehr böse auf sie war, weil sie mich allein gelassen hatte, konnte ich nicht mehr an diese Vorfreude denken.

Ihr Tod hatte sich mit dem unbegreiflichen Tod meiner Mutter verbündet, und doppelt schwer und trostlos hing dieses Gewicht nun in mir. Wie ausgelöscht war jedes Gefühl, kahl wie ein Weihnachtsbaum, den einfach jemand vergessen hatte zu schmücken oder zumindest zu entsorgen. Denn der trostlose Weihnachtsbaum in meiner Phantasie nadelte bereits. Ohne Schmuck, und nicht einmal mehr grün war er. Nur noch ein braunes, dünnes Skelett, das ohne Leben war und ohne Freude. Er war wie ich. Für eine lange Zeit. Genau kann ich nicht sagen wann sich das wieder änderte. Vielleicht dauerte es einen Winter lang, wahrscheinlich eher zwei oder drei, denn niemals mehr wieder habe ich einen Menschen wie Agathe getroffen. Ich weiß nicht, ob ich daran glauben kann sie wirklich wieder zu sehen, sie, oder meine Mutter. Ich weiß, Agathe wäre sehr empört zu erfahren, dass es auch nur eine einzige Sekunde gab, in der ich ernsthaft daran zweifeln konnte. Menschen wie sie durfte man nicht mit solchen Gedanken aufregen. Soviel war mir schon damals klar. Und wahrscheinlich ist es damit zu erklären, dass ich seither in jedem Jahr einen Weihnachtsbaum geschmückt habe. Meistens blieb er bis Ostern bei uns. So wie Agathe es nie geschafft hatte ihre November-Kürbisse wegzuräumen, so konnte auch ich mich zeitlebens sehr schwer von meinen jeweiligen liebgewonnenen Weihnachtsbäumen trennen.

Meine Familie hat mich mehr als einmal damit aufgezogen, und an einem Tag wollten meine Kinder niemanden mehr ins Haus lassen, weil es ihnen peinlich war, dieser Weihnachtsbaum zu Ostern. An diesem Tag erzählte ich ihnen zum ersten Mal von Agathe, denn ich fand, dass sie nun alt genug waren um zu erfahren warum man sich manchmal so schwer trennen kann.

Von allem was schön ist, was einem Licht gibt und ein wenig Freude. Ich wusste zuerst nicht, ob meine Kinder das verstanden haben. Doch dann begannen sie immer wieder nach Agathe zu fragen, auch nach Kieran, Krakan, Korax und Kiara, den Raben, die mich damals zu ihr geführt hatten, und ich musste ihnen von ihr erzählen. Von ihrer Veranda, auf der ihre Kürbisse standen neben ihrem Stuhl, von den Raben im Wald, die so sehr aneinander hingen, und die auch Agathe betrauert hatten.

Agathe schien meinen Kindern offenbar wie ein mystisches Zauberwesen, so genau wollten sie alles von ihr wissen. Je mehr ich von ihr erzählte, desto mehr erschien sie auch mir wie dieses Zauberwesen, doch das war sie natürlich nicht. Sie war ein Mensch. In einem gewissen Sinn hat sie das Leben ein wenig für mich verzaubert, und möglicherweise wurde sie daher von meinen Kindern in diesen Stand erhoben. Schließlich brachten sie mich auf die Idee kleine Raben aus Papier an unseren Weihnachtsbaum zu hängen. Von diesem Jahr an fehlte niemals auch nur ein einziger Rabe an unserem Baum.

Meine Kinder nannten ihn seither nur noch Agathes Weihnachtsbaum, und es störte sie noch nicht einmal mehr, wenn er lange über seine Zeit noch in unserem Zimmer stand, denn es war Agathes Weihnachtsbaum. Mit den Lichtern und nun auch den Raben brachte er so viel Gutes in unser Zuhause. Ebenso wie Agathe damals so viel Gutes in mein Leben gebracht hatte. Oft denke ich darüber nach, dass ich unsere Bekanntschaft einem wahrlich steinalten Raben, Korax, zu verdanken habe. Einem Tier, dem in unseren Gefilden nicht viel Gutes nachgesagt wird. Zu Unrecht in so vieler Hinsicht. Wie sehr kann man sich doch irren, wenn man nur auf das hört, was andere sagen, oder wenn man aufhört selbst genau hinzusehen oder hinzuhören. Auch das habe ich durch die Begegnung mit Agathe gelernt.

Diese Dinge hat sie niemals ausgesprochen, doch allein ihre Art, so wie sie war, hat es mich gelehrt.

Wenn ich von ihr erzählte, fühlte ich mich unendlich reich, beschenkt durch die Tatsache, dass ich sie gekannt hatte. So deutlich sehe ich sie vor mir.

Noch immer weiß ich nicht, ob ich daran glauben kann sie wiedersehen zu dürfen.

Doch sie hat mir etwas geschenkt, das mich seither begleitet.

Als sie mir einmal gesagt hatte, dass es der Dunkelheit viel leichter fällt sich auszubreiten, weil hierfür viel weniger Energie vonnöten sei; es also geradezu ein automatisches Naturgesetz sei wonach sich die Dunkelheit sehr viel tiefer, sehr viel schneller ausbreitet als es dem Licht möglich wäre; dass aber, umgekehrt nur ein einziges Licht genüge um die Dunkelheit weniger dunkel zu machen und damit als komplette Dunkelheit einfach auszulöschen, dann muss ich sagen, dass sie für mich eines dieser Lichter gewesen ist. Eines der Lichter, die selbst mit dem Tod nicht verlöschen. Auch in den härtesten und dunkelsten Stunden meines Lebens war sie immer zuverlässig bei mir. Wie ein Gefühl, welches sich außerhalb meines eigenen Körpers befand. Es war ein Gefühl von tiefstem Frieden und einer beinahe ausgelassenen Freude.

Gerade so, als blickte sie mir mit ihrem Lachen geradewegs in die Augen. Es war ein Gefühl, das sehr viel stärker war als alle anderen Gefühle. Stärker als meine Angst, meine Sorgen oder Zweifel.

Ich spürte sie deutlich in meiner Nähe.

Wenn ich nämlich an ihre Gewissheit und an ihre Vorfreude dachte und denke, dann fühle ich mich davon mitgetragen. Mitgetragen in der mit einem Mal in diesem Jahr so fest gewordenen Gewissheit nicht an einem tristen, windigen und kalten Januartag im Nirgendwo zu erwachen, sondern ganz kurz vor Beginn eines Weihnachtsfestes, umgeben von allen, die ich je geliebt habe.

---------------------------Notizen-----------------------------------
----

Abschied Tod Vertrauen Trauer Wut
Unwohlsein Anspannung Identität
Zwang Achtsamkeit Ausgrenzung
Perspektivenwechsel Sinn Allein-Sein
Stille Leere Depressionen Angst
Unwohlsein Anspannung Identität
Reframing Wut Verlassen-Werden
Ohnmacht Unbehagen Personaler
Werte als Ressource Kontrollverlust
Neuanfänge Hoffnung Trotz Coping
Verlust Ablehnung Ausgrenzungen
Abschied Tod Vertrauen Trauer
Zwang Achtsamkeit Ausgrenzung
Perspektivenwechsel Sinn Allein-Sein
Stille Leere Depressionen Angst
Unwohlsein Anspannung Identität
Neuanfänge Hoffnung Trotz Coping
Verlust Werte Ausgrenzungen, Wut
Neuanfänge Coping Hoffnung Trotz

Thema: Reframing

Thema: Langer Abschied- Kai und Räuber

Ebenso froh wie Lukas nach der gemeinsamen Reise mit Kai über die Wiederkehr Lunas war, war auch Kai, als er endlich seinen geliebten alten Schäferhund „Räuber" wiederhatte. Räuber begrüßte ihn so stürmisch, dass Kai beinahe das Gleichgewicht verloren hätte. „Hey, gehst du mit mir joggen?" wollte er von Räuber wissen? Das brauchte er Räuber aller-dings kein zweites Mal fragen. Sobald Kai sich die Turnschuhe anzog stand Räuber wie immer aufgeregt mit dem Schwanz wedelnd neben ihm und konnte es kaum abwarten bis es los ging. Kai war ein schneller Läufer und schon immer der sportlichste Junge der ganzen Klasse gewesen. Lukas rannte zwar auch nicht gerade schlecht, aber das Training mit Räuber war doch etwas ganz Anderes − gewesen. Zu seinem großen Entsetzen bemerkte Kai, dass Räuber beim heutigen Lauf die Luft ausging, und dass der so ausdauernde Hund, der immer vor ihm gelaufen war nun zurückfiel, immer langsamer und erschöpfter wurde. Kai setzte sich auf den Waldboden und wartete darauf, dass Räuber wieder zu ihm aufschließen würde. Schließlich kam er angetrottet und setzte sich ebenfalls. Kai sah ihn sich genau an um zu sehen, ob es etwas gab das auf eine Krankheit von Räuber hinweisen könnte. Wenn jetzt nur Lukas da wäre. Der kannte sich mit so etwas viel besser aus. Nun blieb ihm allerdings nichts anderes übrig als selbst hinzuschauen. Räuber sah eigentlich aus wie immer, nur, dass das Fell in seinem Gesicht mit einem Mal auffällig grau und stumpf aussah. Kai erschrak denn es würde ihm mit einem Schlag bewusst, dass Räuber alt geworden war, dass er schwächer wurde, und dass er nicht für immer mit ihm durch den Wald würde rennen können. „Das macht doch nichts Räuber", sprach er auf ihn ein wie um ihn zu trösten. Im Grunde wollte er sich allerdings auch selbst ein wenig trösten. „Wir brauchen nicht zu rennen weißt du? Wir können auch ganz gemütlich miteinander spazieren gehen." Räuber blickte ihn aus seinen dunklen Augen treuherzig an und Kai, der einen Kloß im Hals verspürte, versuchte sich mühsam zu beruhigen, was gar nicht so leicht war. Schließlich stand er auf und lief langsam los. Räuber folgte ihm. „Es hat echt auch Vorteile langsam zu gehen" wiederholte Kai seinen tapferen Versuch sich und Räuber zu trösten. „Man sieht viel mehr von der Umwelt".

Räuber sah ihn wieder an mit seinem mittlerweile so grauem Gesicht und wedelte glücklich mit dem Schwanz. „Ich werde immer mit dir in den Wald gehen, Räuber", versprach er ihm noch. „Und wenn ich dich tragen muss." Kai meinte das genauso wie er es sagte. Niemals hätte er seinen Hund im Stich gelassen. Er erinnerte sich an die Nacht, an dem er und Lukas Räuber aus der Waldhütte des alten Simon entführt hatten, weil sein Vorbesitzer ihn schlecht behandelte. Seither gab es für Kai keinen Tag ohne seinen „Räuber" – von der kurzen Zeit in Holland einmal ganz abgesehen. Ruhig und gemächlich liefen die beiden den Weg gemeinsam zurück nachhause.

Und da es tatsächlich ab und an Vorteile hat langsam zu gehen sahen sie eine ganz besondere Eule. Es war natürlich Luna. Und ein Tag an dem man Luna sah konnte wahrlich niemals, niemals ein schlechter Tag sein.

-----------------------------Notizen-----------------------------------
----

Verfremdung/ Verfremdungen (variierend)

Geschichte umschreiben (Gegentext, Gegeninszenierung)

Wortverdrehungen

Collagen

Montagen

Interpretationen

Briefe an die einzelnen Personen schreiben

Kommentare schreiben

Einen Vergleich zu eigenen Erfahrungen schriftlich

festhalten, parodieren

Perspektivenwechsel

Meta-Ebene beschreiben

Neue Assoziationsketten schaffen

Vorgeschichten / Nachgeschichten schreiben

Geschichte zu einem Impuls-Bild schreiben

Abschied Tod Vertrauen Trauer
Zwang Achtsamkeit Ausgrenzung
Perspektivenwechsel Sinn Allein-Sein
Stille Leere Depressionen Angst
Unwohlsein Anspannung Identität
Reframing Wut Verlassen-Werden
Ohnmacht Unbehagen Personaler
Werte als Ressource Kontrollverlust
Neuanfänge Hoffnung Trotz Coping
Verlust Ablehnung Ausgrenzungen
Unwohlsein Anspannung Identität
Abschied Tod Vertrauen Trauer
Zwang Achtsamkeit Ausgrenzung
Perspektivenwechsel Sinn Allein-Sein
Stille Leere Depressionen Angst
Unwohlsein Anspannung Identität
Neuanfänge Hoffnung Trotz Coping
Verlust Werte Ausgrenzungen, Wut
Neuanfänge Coping Hoffnung Trotz

Thema: Langer Abschied

------------------------ LÖSUNGSWEGE--------------------------

----

Thema: Langer Abschied

------------------------- LÖSUNGSWEGE-------------------------

----

Thema: Langer Abschied 2
Kai und die alte Katze

Lukas erinnerte sich noch genau an das Treffen mit Kai, das schließlich ihre Freundschaft nach sich gezogen hatte. Der Katze war es damals nicht gut gegangen, und Lukas hatte ihr helfen können. Doch genau wie Räuber war auch die Katze mittlerweile sehr alt. Ihr Blick wirkte trüb, so als könne sie nicht mehr gut sehen. Das Fell war struppig und fiel an manchen Stellen aus.

Mia, die sehr an Maxime hing, was auf Gegenseitigkeit beruhte, war deswegen schier untröstlich.

Obwohl sie noch sehr viel fraß, wurde sie immer dünner. Der Tierarzt, zu dem Kai mit ihr gegangen war, hatte versucht Kai auf das baldige Ende seiner Katze vorzubereiten. „Sie hatte ein sehr langes, schönes Katzenleben", versicherte er ihm. Kai wusste zwar, dass der Arzt Recht hatte, dennoch war das kein Trost für ihn. Die Katze war immer für ihn dagewesen. Als seine Mutter fortgegangen war, und auch sonst, als das ganze Leben sich gegen ihn verschworen zu haben schien, war die Katze immer in seiner Nähe gewesen und hatte die Bruchstücke der Welt einfach so wieder ein kleines Stückchen zusammengeschnurrt. Sich vorzustellen, dass sie bald nicht mehr bei ihm sein würde, fiel ihm unendlich schwer. Er konnte sich an keine Zeit erinnern, in der die Katze nicht dagewesen wäre. Schon lange vor seiner Geburt hatte sie dort im Haus und vor dem Haus gelebt. Der Tierarzt meinte, er würde sie noch nicht einschläfern, da sie sich offenbar – trotz der Alterserscheinungen – noch recht gut fühlen würde. Wenn es soweit sei, so meinte er noch, würde Kai das merken. Dann könnte er immer noch vorbeikommen. Die Katze wirkte nun manchmal etwas ratlos. Zweimal fiel sie in den Schacht vor dem Haus, und oft kam es Kai so vor, als versuchte sie sich vergebens an etwas zu erinnern. Nur wenn Kai ihren Kopf streichelte, war sie vollkommen zufrieden. Am Tag des großen Fußballspiels, an dem er sonst nie fehlte, erschien ihm die Katze mit einem Mal besonders ratlos zu sein. Er brachte es nicht übers Herz sie allein zu lassen. So saßen er, Räuber und die Katze draußen vor dem Haus in der Sonne, und er streichelte ihren klein gewordenen Kopf mit der weißen Blässe zwischen den Augen. Räuber hatte sich zusammengerollt und schlief. Kai bereute es kein bisschen, dass er nicht zum Fußball gegangen war. Und dann kam ausgerechnet Reginas Vater, der Schnösel, den niemand wirklich leiden konnte, am Haus vorbeigejoggt. Er hielt kurz an, dehnte seine braungebrannten Beine, sah zu Kai hin und meinte spöttisch: „Eine alte Katze ist dir wichtiger als Fußball. Was für eine Memme bist du denn?". Dann joggte er wieder weiter. Kai ärgerte sich nicht mal über ihn. Kein Wunder, dass dieser Mensch nichts von Dingen verstand, die nichts ausschließlich mit ihm selbst zu tun hatten. Jeder in der Gegend wusste, dass bei dem Typen zuhause stets alles auf Hochglanz poliert war. ER machte sich über alles und jeden lustig. Also, da war sich Kai sicher, irgendwas stimmte ganz gewaltig nicht mit ihm! Seine Tochter Regina war sogar ausgezogen, aufs Land zu ihrer Tante, so tot war das alles bei Regina zuhause. Nicht einmal Pflanzen wollten dort leben. Mia hatte es ihm erzählt. Sogar die Küchenkräuter dort ließen nach nur einem Tag ihre Köpfe hängen. Seine Katze war gestorben weil sie sogar im Winter draußen schlafen musste, nur damit die Wohnung nicht schmutzig wurde. Nacht für Nacht hatte Regina sie schreien gehört, dufte sie aber nicht mit ins Haus holen. Und eines Morgens war die Katze dann tot. Steifgefroren, mit leicht geöffnetem Mund lag sie auf der Seite. Warum er diese Katze überhaupt gehabt hatte wusste niemand. Vielleicht war das so etwas wie mit dem Klavier. Er besaß nämlich ein Klavier, nur weil es zu den Möbeln passte. Möglicherweise war das bei der Katze am Anfang auch so gewesen. Spielen konnte er keinen einzigen Ton. Dieser protzige, dumme Typ. Was wusste er also schon. Klar, offenbar fand er Kai lächerlich, doch Kai fand ihn mindestens ebenso lächerlich, wie er da durch den Wald gockelte und sich etwas auf seine Sportlichkeit einbildete. „Du warst auch mal echt sportlich, Räuber". Liebevoll kraulte er den Hund hinter den Ohren. Räuber sah kurz zu ihm hoch, als wollte er das bestätigen, und schlief dann in der Sonne weiter. Die Katze schnurrte laut und Kai wusste, dass er genau in diesem Moment nirgendwo anders sein wollte. Nur hier, bei Maxime, seiner Katze. Alle sagten ihr mittlerweile den baldigen Tod voraus. Nur Lukas und Mia hielten sich zurück. Zum einen war es ohnehin offensichtlich, zum anderen wollten sie ihren Freund Kai nicht noch zusätzlich traurig machen. Sie wussten nämlich genau wie sehr Kai an seiner Katze hing. Besonders in den Tagen nachdem seine Mutter die Familie über Nacht verlassen hatte und weggegangen war, hatte ihn nur noch Maxime erreichen können. Heimlich hatte er sie ins Bett gelassen. Er wusste, dass sein Vater nicht davon begeistert war, wenn ein Tier mit im Bett lag, doch Maxime lag so ruhig und sanft auf seinen Beinen, am Fußende zusammengerollt, wie ein Zimtkringel und dabei ganz leise schnarchend, so dass es Kai niemals übers Herz gebracht hätte sie an einer anderen Stelle schlafen zu lassen. Doch nun, da Maxime alt und krank geworden war, wollte sie nicht mehr auf dem Bett liegen.

Aus irgend einem Grund zog sie es vor alleine draußen, in der Kälte zu schlafen, und niemand, auch nicht Kai, konnte sie davon abbringen. Er hatte einmal gehört, dass Tiere zum Sterben nach draußen gingen, und da es anscheinend ihr Instinkt und ihr Wunsch war, wollte er sie nicht davon abbringen. In den Nächten, in denen Maxime nun nicht mehr auf seinen Beinen schlief, konnte Kai kaum Schlaf finden. Noch vor dem Frühstück ging er nach draußen, um nach Maxime zu suchen, wobei er jedes Mal davon überzeugt war, dass er sie nur noch tot auffinden würde. Allerdings, zu seiner Freude und auch zu seiner Überraschung, lebte Maxime noch immer und ließ sich, wenigstens zum Fressen und zum Aufwärmen, von ihm ins Haus bringen. In den Nächten kam es ihm trotzdem so vor, als sei sie bereits gestorben, was ihn sehr mitnahm. Plötzlich jedoch hörte er ein vertrautes, leises Kratzen an seiner Balkontür. Maxime! Er öffnete ihr, und mit einem Satz sprang sie, obgleich sie so dünn und hinfällig erschien auf ihren alten Stammplatz. Kai konnte sein Glück gar nicht fassen. Er lauschte auf ihr leises Schnarchen, fühlte ihren leicht gewordenen, kleinen Körper auf seinen Füßen und dachte sich: „Ja, sie wird bald sterben. Aber jetzt, genau jetzt ist sie noch bei mir." So glücklich wie schon lange nicht mehr schlief er ein. Als dann der Tag kam, an dem er Abschied nehmen musste, war nichts mehr wie vorher. Er suchte sie überall. Obwohl er wusste, dass sie nicht mehr kommen würde, nicht mehr kommen konnte, suchte er sie automatisch an den Plätzen, an denen sie sich im Leben so gerne aufgehalten hatte. Unter der Hecke, an der Mauer vor dem Haus, unter dem Treppenabsatz. Doch keine Maxime. Wenn er im Laden am Katzenfutter vorbeilief, schnürte es ihm die Kehle zusammen, und nachts glaubte er manchmal ihre kleinen Schritte zu hören, wenn ihre Krallen auf der Metalltreppe so ein Geräusch machten. Er glaubte sie maunzen zu hören oder schnurren. In den Nächten träumte er von ihr, und dann war sie wieder gesund und lebendig. Doch wenn er aufwachte, dann wusste er: Maxime war für immer fort. Das war etwas Unvorstellbares, und es kam ihm so vor, als würde niemand so richtig verstehen können wie es ihm ohne Maxime ging. Egal was die Leute auch zu ihm sagten. Es gab keinen Trost für ihn. Er musste daran denken was einige über sie gesagt hatten, als sie krank wurde und nicht mehr hübsch aussah. Sie hatten sie beleidigt, sie hatten seine Katze, seine Maxime beleidigt. Jetzt lag sie unter der Erde in Mias schönstes Tuch eingehüllt. Es war ein rosarotes Tuch mit bestickten Blumen darauf, und Maxime hatte so friedlich ausgesehen und auf einmal wieder so hübsch. Wenn er darüber nachdachte, dann war Mias Tuch der größte Trost für ihn gewesen. Das Wissen darum, dass Mia etwas hergegeben hatte das ihr selbst am liebsten war – für Maxime. Wenn er an dieses Tuch dachte, dann fühlte er sich wenigstens ein klein bisschen wohler. „Hör mal Kai", sagte sein Vater, „Maxime hatte ein sehr langes, wunderbares Katzenleben."

Lukas sagte nichts. Er wusste genau, dass in solchen Momenten alles, was man nur sagen konnte, ziemlich wenig half.
Maxime war es gewesen, die bei Kai gewesen war, nachdem seine Mutter gegangen war. Maxime war niemals von Kais Seite gewichen. Und nun war auch sie nicht mehr da.

Aber noch im Winter, am Tag, an dem Maxime gegangen war, fasste Lukas den Entschluss sich im Frühjahr mit Kai auf die Stufen vor dem Haus zu setzen. Dort wo Maxime immer am liebsten gewesen war. Hier würden sie an sie denken.
Doch das sagte er ihm jetzt noch nicht. Das würde nicht passen. Ein Freund wusste so etwas.

Und deswegen sagte er gar nichts und half Kai dabei den kleinen, hellen Grabstein - mit der Katzenpfote drauf- für Maxime zu beschriften und zu verzieren. Kai hat es niemanden erzählt.

Doch in einer Nacht, in der seine Trauer im Maxime so groß wurde, dass er vor Traurigkeit nicht mehr ein noch aus wusste, da spürte er etwas Warmes in der Nähe seines Kopfes, und er hörte ein leises Schnurren.

Etwas von ihr war da gewesen und hatte ihn besucht. Doch das war nur etwas zwischen ihm und ihr.

-----------------------------Notizen---------------------------------
----

Abschied Tod Vertrauen Trauer
Zwang Achtsamkeit Ausgrenzung
Perspektivenwechsel Sinn Allein-Sein
Stille Leere Depressionen Angst
Unwohlsein Anspannung Identität
Neuanfänge Coping Hoffnung Trotz
Reframing Wut Verlassen-Werden
Ohnmacht Unbehagen Personaler
Werte als Ressource Kontrollverlust
Neuanfänge Hoffnung Trotz Coping
Verlust Ablehnung Ausgrenzungen
Abschied Tod Vertrauen Trauer
Zwang Achtsamkeit Ausgrenzung
Perspektivenwechsel Sinn Allein-Sein
Stille Leere Depressionen Angst
Unwohlsein Anspannung Identität
Neuanfänge Hoffnung Trotz Coping
Verlust Werte Ausgrenzungen, Wut
Neuanfänge Hoffnung Trotz Coping

Thema: Langer Abschied 2

------------------------- LÖSUNGSWEGE-------------------------

----

Thema: Aufmerksamkeit
Kierans Geschenke

Kieran hatte damit begonnen Mia Geschenke zu machen. Er brachte ihr alles Mögliche aus dem Wald mit, einmal sogar ein kleines Kettchen. Lukas war sich nicht sicher was er davon halten sollte. Er fand ja, dass Kieran eindeutig sein Freund war. Aber sobald ein Mädchen dazu kam… Andererseits war Mia nicht irgendein Mädchen. Das hätte man wahrlich nicht guten Gewissens behaupten können. Lukas hatte sie damals im Krankenhaus kennengelernt. Im Gegensatz zu ihm war sie immer mal wieder krank gewesen, doch dann hatte dies plötzlich aufgehört, und Mia wurde ganz und gar gesund. Zu der Zeit als Kieran ihr jedoch die kleinen Geschenke und Aufmerksamkeiten brachte, war Mia immer noch zuweilen krank. Und, zwar war es jetzt noch nicht die Zeit für sie darüber nachzudenken, sie würde niemals eigene Kinder haben können. Später einmal würde Mia darüber sehr trauern, jetzt aber stand noch die Trauer um ihren Großvater im Vordergrund. Und dieser war heftig, denn so einen Großvater, so einen Großvater wie ihn, nein, den bekam man kein zweites Mal. „Er war doch schon alt!", hatte man sie trösten wollen. „Er hatte ein langes Leben", „Er musste nicht leiden". Ein bisschen half das ab und zu, doch weitaus weniger, als die Leute wohl glaubten. Mia jedenfalls fühlte sich zutiefst deprimiert.
 Konnte es sein, dass Kieran das spürte?

Dass er ihr damit eine Freude machen wollte? Verblüffenderweise wurden seine Geschenke immer „menschlicher", so als würde er darum bemüht sein Mia wirklich kennenzulernen und zu verstehen, was ihr gefiel. Mia allerdings freute sich über eine Kastanie oder ein Stück Moos ebenso sehr wie über das Kettchen, welches Kieran im Wald für sie ge-funden hatte. Am allermeisten freute sie sich einfach nur darüber, dass er bei ihr war. „Du brauchst mir nichts zu schenken, Kieran", versuchte sie ihm zu erklären. „Am schönsten finde ich es, wenn du einfach nur bei mir bist." Kieran verstand viel, aber das konnte er wohl offenbar nicht begreifen.

Er hörte nicht damit auf Mia Geschenke zu machen. Lukas und Mia sahen Kieran oft schon von weitem, wenn er mit etwas im Schnabel auf sie zugeflogen kam, oder aber wenn er etwas suchend über einer Lichtung kreiste. „Soll er selbst entscheiden, ob und was er mir schenken will", lachte Mia fröhlich. Es war offensichtlich, dass sie all diese vielen Aufmerksamkeiten von ihm sehr genoss.

„Na ja", dachte Lukas bei sich, „kann man eigentlich gut verstehen."
Natürlich verfügte Kieran über keinerlei Zauberkräfte. Er war einfach nur aufmerksam und kümmerte sich um Mia. Doch gerade das war es, irgendwie bin ich davon überzeugt, was ihr zu dieser Zeit am allermeisten half.

Lukas dachte an das erste Treffen mit Mia außerhalb des Krankenhauses zurück. Sie hatten damals alle gemeinsam Weihnachten gefeiert. Auch Oma war gekommen, Mias Mutter und Manfred, der Freund ihrer Mutter, und vor allem Gustav, Mias Opa. Lukas erinnerte sich so gut daran. Seiner Oma hatte Gustav ebenfalls gut gefallen, was damals nicht zu übersehen gewesen war. In die Zeit, in der

Kieran Mia besonders viel Aufmerksamkeit schenkte, fiel auch der Tod ihres Großvaters. „Weißt du Lukas", hatte Mia einmal gesagt. „Die Menschen beginnen einen zu meiden. wenn jemand aus deiner Familie gestorben ist. Sie wissen dann, glaube ich, nicht mehr so genau was sie sagen sollen." Kieran sagt ja auch nichts, dachte sich Lukas daraufhin. Er war einfach nur da und bemühte sich unaufhaltsam darum, Mia mit irgendetwas eine kleine Freude zu machen. Wie so häufig fand Lukas, dass Kieran klüger war als so mancher Mensch. Mia fand das auch. Doch war sie ab und an zu höflich, um so etwas laut auszusprechen. Ja, sogar die freche Mia gab nicht zu allem ihre Meinung kund. Doch Lukas wusste trotzdem was sie dachte. Einen Opa hat man eben nur einmal, sozusagen. Jedenfalls so einen wie Gustav. Egal was man brauchte, Bindfaden, Dachpappe, eine Drahtfeder...Opa Gustav hatte alles, und auf wirklich jede Frage wusste er eine Antwort. Manche Antwort bestand nur darin, dass er sich neben einen setzte und gar nichts sagte. „Solche Antworten sind nicht die schlechtesten", versicherte Mia Lukas. Doch das hatte er auch gar nicht gedacht. „So ein Opa ist was Tolles. Er ist nie genervt oder hat keine Zeit." Lukas wusste ungefähr was sie meinte. Zwar kannte er keinen seiner beiden Großväter, da beide früh gestorben waren, doch war es sicherlich in etwa so wie mit Oma. Er mochte sich gar nicht vorstellen, wie das ohne Oma sein würde. Und er war froh, dass Kieran sich so gut um Mia kümmerte. Einen solchen Freund konnte man mit nichts aufwiegen – abgesehen davon, dass er ohnehin federleicht war. Musste er ja, sonst hätte er nicht so gut fliegen können. Wenn Lukas Kieran beobachtete und sah, wie Kieran sich immer höher und höher gen Himmel bewegte fühlte er sich getröstet, wie so oft. Wenn man fliegen konnte, selbst wenn es nur in Gedanken war, so wie bei ihm, dann könnte man den traurigen Dingen auf dieser Welt wenigstens für eine kleine Weile entkommen. „Na, Kieran, was hast du mir heute mitgebracht?", fragte Mia den Raben, der sich mit einem weiteren Geschenk im Schnabel dicht neben ihr niedergelassen hatte. Lukas sah, wie sehr sie sich freute, und das war, so wie meistens, ansteckend.

Ich greife hier vor wenn ich erzähle, dass Mia, als sie erwachsen war, und ihr bewusst wurde, dass sie nie Mutter werden würde ebenfalls hier, im Wald und bei Lukas etwas fand, was sie wenigstens von Zeit zu Zeit tröstete. Und manchmal, da kann „Von Zeit zu Zeit" schon ganz schön viel bedeuten.

„Wenn ich hier bin", sagte sie, „hier bei dir", dann ist alles ein ganz klein bisschen weniger schlimm." Lukas nickte. So in etwa konnte er sich vorstellen was sie meinte, obgleich das so eine Sache ist. Immerhin ist jeder Mensch anders, und schon allein deshalb ist es ziemlich schwer jemanden ganz und gar zu verstehen.

Manchmal jedoch konnte es vorkommen, dass man recht nah dran war. So wie bei Lukas und Mia eben. Und das würde so bleiben. Für immer. Egal, wo der andere sich auch gerade aufhalten mochte.

Da waren sich beide sicher.

Thema: Aufmerksamkeit

---------------------- LÖSUNGSWEGE----------------------------

----

Verfremdung/ Verfremdungen (variierend)

Geschichte umschreiben (Gegentext, Gegeninszenierung)

Wortverdrehungen

Collagen

Montagen

Interpretationen

Briefe an die einzelnen Personen schreiben

Kommentare schreiben

Einen Vergleich zu eigenen Erfahrungen schriftlich

festhalten, parodieren

Perspektivenwechsel

Meta-Ebene beschreiben

Neue Assoziationsketten schaffen

Geschichte zu einem Impuls-Bild schreiben

Sprechen über die jeweiligen Geschichten

Vorgeschichten / Nachgeschichten schreiben

Abschied Tod Vertrauen Trauer
Zwang Achtsamkeit Ausgrenzung
Perspektivenwechsel Sinn Allein-Sein
Stille Leere Depressionen Angst
Unwohlsein Anspannung Identität
Reframing Wut Verlassen-Werden
Ohnmacht Unbehagen Personaler
Neuanfänge Hoffnung Trotz Coping
Verlust Ablehnung Ausgrenzungen
Abschied Tod Vertrauen Trauer
Zwang Achtsamkeit Ausgrenzung
Perspektivenwechsel Sinn Allein-Sein
Stille Leere Depressionen Angst
Unwohlsein Anspannung Identität
Neuanfänge Hoffnung Trotz Coping
Verlust Werte Ausgrenzungen, Wut
Neuanfänge Coping Hoffnung Trotz
Werte als Ressource Kontrollverlust
Verlust Ablehnung Ausgrenzungen

Thema: Kein Trost
Reginas Hase

Reginas Vater hatte sein Versprechen wahr gemacht und ihr einen Hasen gekauft. Bei Tante Monika hatte er ein großes Gehege und viel Auslauf. Es war ein Weibchen, grau, ziemlich dick mit langen Schlapp-ohren, also eine Häsin. Kais Hasen sah sie gar nicht ähnlich. Ihr Fell war dicht und ein wenig struppig; Ihr Name war Ramona, und sie duftete ebenfalls so gut nach Heu und nach Wärme. Wie Wärme duftet wusste Regina erst, seit sie zum ersten Mal einen Hasen auf dem Arm gehalten hatte. Doch an diesen ersten Hasen dachte sie noch immer mit großem Bedauern. Wie gern hätte sie die Uhr zurückgedreht und dafür gesorgt, dass das alles nie passiert wäre. Sie selbst fand eigentlich nicht, dass sie es verdient hatte, nachdem was war, Ramona geschenkt zu bekommen. Doch Papa hatte sich sicher etwas dabei gedacht. Normalerweise belohnte er niemanden dafür, dass er Mist gebaut hatte. Die Sache mit Ramona musste also einen anderen, wohl irgendeinen tieferen Grund haben. Vermutlich wusste Papa überhaupt viel mehr über die gesamten, komplizierten Zusammenhänge des Lebens Bescheid. Oder etwa nicht? Mama musste bei dieser Frage lachen. „Ich glaube nicht, dass er besser Bescheid weiß als du", „Wir Erwachsenen werden da in der Regel überschätzt. Klar, wir haben mehr Erfahrung, aber bei manchen Dingen da wissen wir sicherlich auch nicht mehr." Regina sagte vorsichtshalber einfach mal nichts darauf. Sie hatte persönlich nämlich schon den Eindruck gehabt, dass Papa fast alles wusste. Aber vielleicht dachte man das eben automatisch als Tochter oder als Sohn. Vor allem wenn man einen Vater hatte, der auch noch jeden Tag ausdrücklich so tat als wüsste er alles. Eines jedoch hatte Papa wohl nicht gewusst, nämlich, dass es einen Grund für Ramonas dicken Bauch gab. Sonst hätte er sie ihr nicht ausgesucht, da war sich Regina sicher. Mama war auch da anderer Ansicht. „Typisch Papa", meinte sie. „Der hat wieder Mal was vor!" „Was meinst du`", fragte Regina verständnislos. „Du weißt schon: Junge Hasen!" Regina begriff noch immer nicht was sie meinte. „Hasen....Kai....". „Du meinst, dass Papa möchte, dass ich Kai einen der jungen Hasen schenken soll?" Mama nickte. „Würde ihm doch zumindest ähnlich sehen, oder?" Regina nickte automatisch. Das würde ihm tatsächlich ähnlich sehen. „Ja, aber, Kai....also, ich meine..." Sie war jetzt vollkommen verdattert. „Ob der überhaupt einen Hasen will und dann noch ausgerechnet von mir...." „Ich weiß", antwortete Mama. „Papa denkt da eben anders. Es ist seine Art Probleme zu lösen". Ratlos strich Regina Ramona über das graue Fell, nahm vorsichtig ihre Öhrchen zwischen die Finger, um sie zu streicheln. „Aber ich kann doch Kai nicht einfach fragen?" „Vielleicht findet sich ja eine Lösung", tröstete sie Mama. „Er hat es gut gemeint, wer weiß." „Wer weiß", murmelte Regina fast tonlos und fuhr damit fort Ramona zu streicheln. Würde es Kai nicht taktlos vorkommen? So als würde man ein Lebewesen durch ein anderes ersetzen wollen? Die Zweifel legten sich über sie. Ramona stupste sie freundlich mit ihrer kleinen Nase an. „Du hast es gut", dachte sich Regina und gab ihr einen Löwenzahn zu fressen.

Thema: Kein Trost

-----------------------------Lösungswege-------------------------

----

Gedanken zu Glück und Schuld

Ich dachte nicht nur einmal an das Thema: Glück. Es gab so viele Situationen, in denen jeder, von dem hier berichtet wurde, dem Tod noch in letzter Sekunde hatte ausweichen können. Oft, denke ich, haben wir mehr Glück als wir glauben. Wie oft mochte mein Klassenkamerad Till beispielsweise Glück gehabt haben, bevor er dann doch starb? Vielleicht 100 Mal? Oder öfter? Ich dachte an Mia und Lukas, die beide ihre schweren Krankheiten überlebt hatten, an Lukas, der auf seiner Reise nach Holland in großer Gefahr war- ebenso wie Kai. Ich dachte an Mia, die im Wald von einem Unbekannten verfolgt worden war. Ich dachte an mich, als ich einen Stein an den Kopf bekommen hatte und fast verblutet wäre oder an Reginas Bruder, der bereits bei der Geburt die Nabelschnur um den Hals gehabt hatte, so dass er um ein Haar erstickt wäre. Regina hat es mir erzählt. Sie erzählte mir auch von ihrem Skiunfall und von dem Tag, als ein Feuer in ihrem Haus ausgebrochen war. Und ich dachte immer wieder, dass wir uns so häufig fragen warum uns etwas passiert- wenn uns etwas passiert- dass wir gar nicht mehr daran denken wie viele Male wir Glück hatten, wie viele Male wir davongekommen sind. Hier haben wir nie gefragt: „Warum bin ich davongekommen? " Manchmal denke ich über solch´ merkwürdige Dinge nach. Agathes Mutter mit ihrer Herzkrankheit, meine Oma mit ihrer Kinderlähmung oder mein Opa, der von den Ärzten schon für tot erklärt worden war- bevor er dann noch 30 Jahre gesund lebte. Manchmal denke ich daran, bevor ich schlafen gehe. Till hat mich auch dazu gebracht über das Thema: „Schuld" nachzudenken. Ich dachte sogar ab und zu, dass ich ihm hätte helfen müssen. Regina wiederum hat mir erzählt, dass sie so etwas wie Schuld gefühlt hatte, nachdem ihr Bruder starb. Sie hatte gedacht, dass es vielleicht besser gewesen wäre, wenn sie statt seiner gestorben wäre. Ausgesprochen hat sie es nie, oder eben fast nie. Lukas fühlte sich schuldig, weil er am Tag des Unfalls seiner Schwester und seines Vaters eigentlich auch mit dabei hätte sein sollen.

Doch er hatte zu lange getrödelt, und war dann nicht mehr mitgenommen worden. Nun fragt er sich seither was gewesen wäre, wenn er eine Minute schneller gewesen wäre. Wäre dann der ganze Unfall vielleicht gar nicht passiert? Mia fühlte sich schlecht wegen ihrer Zimmernachbarin im Krankenhaus. Sie hatte ihr versprochen bei ihr zu bleiben, die ganze Zeit. Doch dann war Mia für eine Weile auf dem Gang unterwegs gewesen. Schließlich hatten ihre Eltern sie noch besucht, und Lukas wollte etwas von ihr wissen. Jedenfalls war das Mädchen nicht mehr im Zimmer, als Mia zurückkam. Sie war auf der Intensivstation, und dort ist sie gestorben. Mia hat ihr Versprechen nicht halten können, obwohl doch gerade Mia jedes Versprechen hält. Wenn man doch jedes Versprechen halten könnte; wenn man nur dieses Gefühl von Schuld nicht haben müsste. Dabei ist es so wie mit dem Glück- oder dem Unglück. Oft, viel zu oft, können wir nichts machen als zusehen und versuchen es zu begreifen. Ich schreibe „versuchen", denn manchmal kann man nicht mehr tun. Und das ist oft das Schlimmste. In solchen sehe ich in den Himmel hinauf. Ich fühle mich dann klein und groß zugleich.

Claudia J. Schulze (Text) ist Autorin und Bibliotherapeutin. Studium des Journalismus, der Psychologie, Philosophie Pädagogik und der Neuen Deutschen Literaturwissenschaften.

Sie arbeitet in eigener Praxis psychotherapeutisch mit Kindern, Jugendlichen und Erwachsenen, und entwickelt interdisziplinäre therapeutische Materialien.

Bereits in ihrer Diplomarbeit, später dann auch während ihrer Promotion, befasste sie sich mit der Frage, inwiefern Literatur sich auf therapeutische Prozesse positiv auswirkt. Kontakt: CJ.Schulze@gmx.de Praxis Dr. Claudia J. Schulze, Grünberger Str. 8, 78052 VS-Villingen

BITTE KONTAKTIEREN SIE MICH JEDERZEIT!

Anke Hartmann (Illustrationen) ist Künstlerin, Illustratorin, Kinderbuchautorin und Geschäftsführerin einer Leipziger Grafik-Werkstatt und des Raumkind-Verlages. Ihre ausdrucksstarken und liebevoll gestalteten Bilder erfreuen sich großer Beliebtheit. Anke Hartmann ist Autorin des Buches: „Die letzte Reise" (Raumkind Verlag)

Praxis Dr. Claudia J. Schulze, Grünberger Str. 8, 78052 VS-Villingen Ein Großteil des Gewinns aus den Büchern kommt Einrichtungen wie Palliativ- und Rehabilitationseinrichtungen für Kinder und einem Kinderhospiz zugute. **Bonus-Tracks sind über die Autorin zu erhalten.**

Das Hörbuch ist auch über die Hörbuch-Manufaktur zu erhalten.

Nachtflüge

Geschichten zwischen den Welten

Claudia J. Schulze

Anke Hartmann

Band 1

Rabenfedern
bringen Glück

Geschichten über Freundschaft
und Mut

Claudia J. Schulze

Anke Hartmann

Band 2

Nebelträume

Claudia J. Schulze / Anke Hartmann

Band 3

Korax und das
Geheimnis der Kürbisse

Band 4

Claudia J. Schulze

Anke Hartmann

Morgensterne

Bibliotherapie für Kinder

Claudia J. Schulze

Anke Hartmann

LEAH LÖWENHERZ

Ein Trauerbuch für Kinder

Claudia J. Schulze / Anke Hartmann

Kindheit ist kein Kinderspiel

Interpretationshilfen zur Lukas-Reihe

Claudia J. Schulze/ Anke Hartmann

Leseprobe

Ruby Blue

Mit Bonus-Geschichte

Claudia J. Schulze /

Anke Hartmann